The 6-Minute DIARY

6分鐘日記的魔法

最簡單的書寫，改變你的一生

1書+1日記本

Dominik Spenst
多明尼克・斯賓斯特 著
吳宜蓁 譯

CONTENTS

CONTENTS

除非先改變你每天做的事情，
　否則你永遠無法改變你的人生。
成功的秘密，就在每天做的事情中。

—— 約翰・麥斯威爾（美國作家、演說家）

謝謝你加入這趟深刻的旅程！

　　我曾在國外留學兩個美妙的學期，期間還到亞洲許多美麗的國家旅行，在那之後，差不多該是時候回到家鄉德國了。為了替這刺激的一年畫下句點，我踏上生平第一次的獨自旅行。

　　第一次到柬埔寨，我在機車出租店遇見了一個似乎很合得來的人，我們決定一起騎機車到附近的觀光景點。一面欣賞著沒有被破壞的壯麗鄉村景致，我在接近十字路口時慢了下來，這時，我的同伴以時速約80公里的速度突然從後面撞上我的腿，剎那間，我飛出去，翻滾了不知幾次，而他幸運的摔得比較輕，他看著我幾秒鐘之後，就直接逃走了，我就這樣被丟在那裡，獨自躺在柬埔寨一個什麼都沒有的地方，頭頂還有毒辣的太陽，氣溫約35度。

　　我的腿有一半被骨頭刺穿，身上幾乎沒有一個地方沒瘀青，下半身沒有知覺，血也流得到處都是，而光是看到我的腿就讓我失去意識好幾次。有幾個當地人靠過來，所有人都圍在一旁看我，非但沒有幫忙，甚至還有人拿出手機來攝影。

　　警察到場時，我鬆了一口氣，心想：他們終於要帶我去醫院了。但事實上，那幾個警察什麼話也沒有對我說；過了一會兒，他們發現這裡沒有賄賂可收，就平靜的離開了，絲毫不顧我在呼

求他們的幫忙。那個時候我才眞的開始恐慌，因爲這是我第一次意識到，他們眞的會讓我在那裡流血至死，而且沒有人會知道到底發生了什麼事。

隨著圍觀的當地人減少了一點，我突然感覺到有人從後面抬起我的頭，並聽到一個男人的聲音說：「你叫什麼名字？」我回答：「多明尼克。」他說：「嗨，多明尼克，我叫道格，我會把你帶離這個地方，但是你必須停止看你的腳，持續跟我說話！」道格是一個年約65歲的澳洲人。道格，如果你正在讀這本書：謝謝你救了我一命。

接下來是我人生中最艱難的幾個星期。

我在醫院裡待了16週，經過12次手術，而且還不確定能不能保住我的左腿。每經過一次手術，情況都沒有改善，甚至變得更糟。我不知道這輩子還能不能再使用我的腳，對我這種每個星期都必須運動的人來說，眞的不是輕鬆的想法。

雖然，這些狀況理應導致我的精神越來越低落，但我卻持續收到這類的評論：「你爲什麼能這麼樂觀？」或「你表現得像是什麼事都沒發生。」我並不是個好演員，只是越來越注意到，我的態度已經自行脫離了外在環境──那個「如果」的人生（請見P.25，納佛·拉維坎說的那些話與我的想法非常相似），**「幸福和樂觀的態度只能從內在產生」**，這觀念當我在醫院時出現，隨著每天過去而更加頻繁。這過程並非巧合，而是持續每天「感恩」和「自我反省」的結果。

在那次意外前，我一直執著於建立事業和取得外界認可：**如果我的成績能達到班上的前5%，我就會快樂一點；如果我能拿到那間知名企業的實習，我就會邁向更美滿的人生。**而事實上，這些想法都沒有讓我變得比較快樂，我依舊困在這些「如果」的輪迴中。若不是這次事故，我今天可能依然在追逐同樣的外在成就；幸好，待在醫院裡的這個經驗，讓我停止把精力放在「希望事情會有所不同」並等待下一個「如果」發生。與其把注意力放在壞事上（當你的世界被限制在醫院病床和馬桶時，這是很容易發生的事），**我專注於人生中的好事，並且開始每天動手寫下來。**令我驚訝的是，好事其實還真不少。我學會真心的珍惜，儘管我有嚴重腦震盪，但我的腦袋還能正常運作；我還有另外一條腿；而我的家人和好朋友們也一直都在我身邊。我百分之百專注於從我擁有的所有事物中看到最好的一面，而這個態度自那時起就沒再改變過。簡單的說，我比從前更加快樂，現在也開始靠自己的力量了。

從發生那個意外開始，我花了數千個小時探索關於人類心理的研究，並了解我的態度和我對人生滿意程度之間的關係。我讀了無數本書、聽廣播、看影片，與很多不同的人對話，然後我開始理解到，**邁向更有成就、更成功人生的最佳方法，是主動發展一些習慣**，使得做那些事為你發揮最佳效果。從理解這觀念開始到今天，我把自己的時間和精力都花在創造與優化一個有意義的工具，讓它幫助人們從內在培養幸福，並建立起達成此目的的必備

習慣。如果沒有那個差點毀掉我的意外，我生命中許多最美好的事情都不會發生了。而你現在手中拿的，就是其中一樣美好的束西。

讓我繼續來寫一些常見的謝詞吧。首先，謝謝德國的讀者們給我很棒的回饋，激勵我寫出英文版本。謝謝那些我從未見過面，但給我帶來鼓舞的人們，尤其特別感謝我的家人和摯友們，我不斷提醒自己這些人有多麼重要，若不是他們，我今天不知道會是什麼樣子。

最後，當然就是謝謝你！

謝謝你加入這趟邁向更深刻、更充實的人生旅程！

能改變生活的不是外在環境，
而是內在的改變顯化在生活當中。

——威爾瑪‧多馬拉（德國公關人員）

CH1
信不信
你會愛上這本日記？

你的鑽石礦

有一天，一個名叫阿里·哈菲德的波斯農夫，生平第一次聽見「鑽石」這東西，一位睿智的祭司告訴他，其他農夫發現鑽石礦後，變得非常富有：「一顆鑽石，不到你的大拇指指尖那麼大，就有100座農場的價值。」阿里聽完後，便決定要把他的農場賣掉，自己動身去尋找鑽石；於是，他接下來的人生都在非洲尋找鑽石礦，卻徒勞無功。他的身體筋疲力盡，精神也崩潰了，最後選擇放棄這毫無希望的想法，絕望的投海自盡。

後來，阿里農場的新主人帶著駱駝到旁邊的一條淺溪，驚訝的發現溪水底部有亮亮的東西，新的農場主人涉水下去看，發現那是顆閃亮的黑色石頭，他便將石頭帶回家，放在壁爐旁邊的架上。

幾天之後，睿智的祭司過來探望新的農場主人，因為他想認識阿里的農場繼承者，當他看見壁爐架上的石頭時，簡直說不出話。農場主人告訴他，這顆石頭是幾天前撿到的，而且小溪裡還有許多類似的石頭。不過，祭司知道怎麼回事：「這不是石頭，是還沒有處理過的鑽石原石，而且還是我所見過最大的鑽石！」那條原來屬於阿里的溪流，成為有史以來最賺錢的鑽石礦之一，稱為戈爾康達鑽石礦。這是美國演說家羅素·康維爾的書《有錢人才知道，財富就在家裡面》之中，相當著名的故事。

這個關於阿里追夢未成功的小故事背後，有什麼樣的訊息呢？事實上相當清楚：如果阿里珍惜他人生那個當下擁有的事物，就會發現寶藏已經在他自己的土地上了。

同樣的道理，最大的財富就在我們的內在，我們必須在自己的土地上認真挖掘，因為鑽石就藏在我們裡頭。如果你去尋找自己的鑽石礦，就一定能找到，仔細留心出現在你日常生活中的各種機會，還有當下的生活中已經提供你的一切。

你在尋找的東西，已經在你裡面了！

你將會愛上每天6分鐘的6個理由

1
非常簡單且有效的工具，
引導你成為最佳的自己

「『6分鐘日記』不是一本普通的日記，它的目的是提供最簡單的方法，長期下來，讓你成為更加快樂、更能實現自我的人。」

第一眼看到這些文字時，可能會覺得這是個大膽的承諾，不過，在你開始寫第一則日記之前，你會先看到詳盡的解釋，關於如何藉由每天投資僅僅6分鐘，就確實達到目標。為了從你手裡的工具得到最大的效果，在開始寫之前，請先仔細閱讀使用

你對於自己是誰與擁有什麼的態度，
是非常小的事情，
卻會造成非常大的差異。

—— 老羅斯福（前美國總統）

說明，一旦你運用《6分鐘日記的魔法》確實建立起每天的習慣後，就能發揮驚人效果。隨著你每天使用，等於每天加上一塊磚頭，藉此打造出你的第一道幸福之牆，接著很快就會再加入好幾道牆，在你意識過來以前，你已經為自己建造出堅實美麗的幸福之屋了。

市面上有許多書承諾你將得到快樂又有成就的人生，但通常那些就是不會兌現承諾的書。它們會告訴你有一條通往幸福的黃金法則、一條完美的路徑，然而因為我們每個人都大不相同，並沒有一個所有人都適用的方案，所以「唯一」的方法顯然不存在。相對的，「6分鐘日記」提供的是基礎和建築材料，所以你可以自己蓋出自己的幸福之屋，隨著你書寫日記的每一頁，你是把自己的獨特印記放在事物中，就像你的指紋。

280萬年以來，人類已經生來就有預設的軟體——「生存軟體」，古老的模式對於存活或被殺掉，是帶有責任且非常重要的。然而今天，由於它不斷督促大腦去尋找可能出錯的事情，或可能對生存構成威脅的事物，導致實用性大不如前。

它總是不斷尋找可能傷害你的東西，這樣你可以選擇戰鬥或逃

跑，結果導致你的大腦演化成可以很快從「壞經驗」中學習，從「好經驗」中學習卻很慢。舉例來說，研究顯示我們辨識生氣表情的速度比快樂表情快很多，就算我們只是瞥到生氣的臉孔（只要1/10秒），還未能有意識的讀出那些表情，但大腦中處理情緒和形成新記憶的部分，就已經活化了。

相反的，同一篇研究也發現，快樂的臉孔同樣出現1/10秒，大腦會直接忽視，不會辨識出來。心理學家一再發現，大腦會自動觸發負面的情緒，因為相較於程度相當的好事，大腦對壞事的反應較快速、持久，而且更強烈。與這點相似的是，失去一樣東西的痛苦，比起得到同樣東西的快樂，平均多了3～4倍，這就是為什麼心碎經驗引起的痛苦，會比處在一段和諧關係中帶來的幸福更強烈。同樣的，在金錢交易方面，得到一定數量金錢帶來的喜悅，不及失去同樣金錢的痛苦；在婚姻中的互動也是如此，至少要做五次好的舉動，才能彌補一次錯誤舉動的傷害。**你的大腦天生就會過度重視負面事物**，而關於正向心理學的30年研究（請見P.42），當然無法改變最後300萬年演化過程中編入大腦的程式。

快樂與滿足？這些不是大腦最關心的事。再次強調，大腦是設計來注意壞的事情、忽視好的事情，這就是為什麼對大多數人來說，透過「道人是非和抱怨」來與他人建立連結比較容易，同時也是「好事不出門，壞事傳千里」的原因；這也是為什麼當你看見車禍或有人打架時，會無法轉頭走開；或者就算你因為某件事收到了數不盡的正面評價，還是會對那一、兩個小小的批評耿

耿於懷。從演化的角度來看，我們就是更容易集中在負面的事物上，而愉快的情緒狀態，比如滿足，在原始的生存競爭中，曾經具有潛在的毀滅性。因此，你的大腦持續的辨識與放大潛在威脅，結果造就了充滿壓力、惱怒和焦慮的生活。**這個不幸的機制，讓人類天生善於生存，卻不擅長快樂**，那些具有相當程度的不快樂和不安全感的人，才是最擅長創新與生存的人。

適者才能生存，而不是最快樂者生存，所以你應該感謝老祖先的這種特徵。

> 我們的大腦有負面的傾向，
> 使得它就像壞事的魔鬼氈和好事的不沾鍋塗料。
>
> —— 瑞克·漢森（心理學家）

好消息是，你可以主動改變這點，而「6分鐘日記」會提供你許多不同的方法，你只需要以智慧勝過你的大腦，平衡它古老的負面傾向，並學習看透它告訴你的謊話。幸好，科學已經證實，你可以透過積極主動的方式重新連結大腦，最重要的是，**每天重複的做，透過培養積極的習慣來平衡你的負面情緒**，你就能夠在腦中裝載一個新的程式。這種裝載過程稱爲「**神經可塑性**」，需要每天持續的做，平均66天之後才算完成，而這個習慣就內化了，**成功的關鍵是持續。**

快樂不是幸運或巧合，而是你可以一步一步學會的東西。

> 快樂的最重要關鍵，是理解到快樂是你做出的選擇，
> 以及你培養出的技能。你先選擇快樂，然後為之努力。
> —— 拉維肯（募資平台AngelList創辦人）

> 大部分人的快樂程度，差不多就是他們決定的那樣。
> —— 林肯（前美國總統）

你感恩自己擁有的東西嗎？如果是，你會經常以它應得的方式，表現出這種感恩嗎？上一次你真心感恩你的伴侶或最好的朋友，是什麼時候？上一次你告訴他們，你有多麼感激他們為你做的美好事情，而不是因他們做的煩人小事而生氣，又是什麼時候？

如果你不感恩今天擁有的事物，那麼你也一樣不會感恩明天將擁有的，或者一星期後將擁有的事物。而且我們說的可不是亞馬遜送來的包裹、讓人心花怒放的讚美，或是週年慶的活動，我們說的事情，是你每天生活中的一部分。

目前已經證實，每天專注於珍惜，也就是說，**專注於你生活中已經擁有的東西，長期下來會讓你感覺更開心也更滿足。**「6分鐘日記」設計的方式，就是你只需要每天投資個幾分鐘，建立正向的行為模式和樂觀的態度，它能讓你更加著重於生活中的機會，而不是遇到的阻礙。如果你想要感覺良好，就必須有相對應

的思想，因此「6分鐘日記」的原則不是關注已錯失或不管用的事情，而是有意識的去注意已經存在的和已經發揮效果的東西，藉由這樣做，你會讓積極面浮現出來，並練習培養建設性的思想。

這本日記會幫助你找到「珍惜」與「進一步發展」之間，以及「感恩」和「成就」之間的正確平衡點。它能幫助你學習全心珍惜此時此地，你會發現感恩竟能讓你更快樂，並且提供你一個舞台，讓你每天練習。感恩就是那個神奇的咒語，可以打開每天生活中出現的機會之門，或者就像馬克・吐溫說的：「讓每天都有機會成爲你生命中最美好的一天。」

2
概念根據科學研究，
並非無意義的激勵口號或難以理解的空泛言論

這本書的所有承諾，都來自於最新神經科學或心理學的研究結果，以及古老智慧、實際經驗和有證據支持的練習。「6分鐘日記」的基礎知識皆由知名心理學家和科學家提供，因此你可以省下親自翻閱數百篇科學文獻、去蕪存菁的心力。

然而，每個人都知道，理論知識和實際應用是兩件完全不同的事。前者可能會自信滿滿的假定所有醫生都知道很多營養與健康的知識，但那表示所有醫生都有照自己宣揚的做嗎？很可能沒有

吧。同樣的，說到感恩、樂觀態度、自我反省和一般的好習慣能帶來的正面效果，也是如此，光是閱讀和談論這些東西只是一回事，要實際整合運用在生活中時，又是另一回事。

好消息是，要把理論化為實際行動所需的花費，就只有你已經買下這套書的錢，不需要再花更多了！你的手中已經握著精實又有效的工具，能讓你將正向心理學的理論用來幫助自己，既有效又持久，只需要一天6分鐘。

3
每天的書寫練習比任何日記都容易

你是否看過某人花了大把心力，試圖改變自己生活中的某些事呢？減掉5公斤、採用較健康的飲食法、睡多一點、開始為考試而讀書、在關係中表現更多情感等，他們制訂了詳盡的計畫，但很快就故態復萌，沒多久就又回到舊有模式了。

科學家指出，你一定也曾經歷過類似的事情：想戒菸的人有92%失敗了，想減重的人有95%最後陷入惡名昭彰的溜溜球效應，而那些做了新年計畫的人當中，有高達88%完全沒實踐任何一項。而「持續寫日記」憑什麼能夠杜絕這些結果呢？

一開始你寫了一大堆，非常積極，但最初的熱情很快消逝，這個日記計畫也就被束之高閣。偏離軌道的原因有很多：你缺乏適當的結構、你必須投資的時間似乎太多了，或者你根本沒有真正

理解寫日記的意義。「6分鐘日記」能夠有系統的消除這些典型障礙，**它的設計就是要確保平常沒寫日記習慣的人，也可以持續不斷的寫下去。**

一開始看時，可能會覺得這本日記的結構相當簡單，但事實上是經過審慎思考的，而且就算是最挑剔的讀者，只要讀了詳細介紹後，也必定會被說服。尤其是「時間不夠」這個最常見的藉口，也無法用於「6分鐘日記」。把一整天的時間抽出**早上3分鐘和睡前3分鐘**，是個很容易達成的目標，就連我們當中最有創意的藉口發明者也一樣。

寫日記的時間固定，會更容易變成一種日常習慣。在理想狀況下，這本日記會是你起床後的第一個衝動，以及睡前的最後一個衝動。**一個沒有日期的目標，跟一個空的夢想沒什麼兩樣**，在此狀況下，我們的目標就是要將你的個人幸福最大化。從現在起的每天早上和晚上，你有了一段小小的預約時間，這將會確保你更接近目標，一小步接著一小步，緩慢但實在的前進。

「我也可以打字呀，為什麼要使用紙和筆呢？」這是因為老派的筆比鍵盤更強大。便條紙從紙本轉移到電腦螢幕上，目標被匆匆的記在代辦清單App中，而筆也很久沒碰過了。不過，心理學家一再的告訴大眾，**把東西寫下來會打從根本改變我們。**如果我們把事情寫下來，可以加深了解，而且事情停留在記憶中的時間會比打字久。甚至還有一些證據顯示，**如果你寫日記，**

沒什麼事情特別難，

只要你把它拆分成許多項小工作。

——亨利‧福特（福特汽車創辦人）

可以加速生理創傷的療癒過程。「6分鐘日記」不是個App，而是專為特定目的而編的書，是個實體的工具，讓你能得到紙筆帶來的、但被你遺忘的所有好處。

4
能創造出獨一無二的記憶藏寶箱

日記就像好酒，如果你將它靜置一段時日，它會逐漸成熟，就能享受完整的美好風味。想像你已經把「6分鐘日記」整本寫完了，然後收起來，過了幾個月或幾年，再從書架上拿起來，你就能進行一趟無價的旅行，進入自己記憶中最激昂、充滿情感的領域。

你會發現自己看待某些事情的角度已經和當初完全不一樣了，事後再回顧，你會理解事物的原因，而這樣一來，你就能追蹤個人進化的足跡。你握在手中的日記，將會成為以前的經驗、願望、想法和觀點的獨特見證，就像古羅馬詩人馬提亞爾約在2000年前說的：「回憶過去的生活，就等於愉悅的再活了一次。」

想像你的祖父或母親也寫了這樣的日記，他們會願意付出什麼來擁有這樣無與倫比的紀念品？能擁有一本關於你和你人生的書，還有什麼比這更令人振奮的事？如果你想要擁有一個裝滿你所有回憶的藏寶箱，幾乎可以確定你已經在正確的路徑上了。

5

這很有趣，而且能告訴你
到底什麼會讓你快樂

　　這些日記條目的重點，是要你確實感覺它（請見P.104，訣竅二）。花2分鐘想某一件你很感恩的事情，或許是生命中很珍貴的經驗，或是你特別珍惜的時刻，當你一想到某件事，就閉上眼睛，現在就做，不要等到之後⋯⋯你現在覺得如何？花幾秒鐘有意識的去感覺這種情緒。

　　感恩是所有負面情緒的相對之物，它有能力增強你的正面經驗，並強化生活中的好事。由於讓大腦參與正面的事情是相當享受的，因此寫這本日記會自動對你產生好處，也將增添一些有趣的因素。類似的理由，裡面的**每週挑戰**，尤其是**每週的5個問題**，都會增加刺激感和趣味。不過，「6分鐘日記」可不只是一本讓人感覺良好的書，這本書不是由帶著超迷人微笑的自我成長大師所寫，也不會告訴你要對著浴室鏡子裡的自己說「我是冠軍」，藉此讓你的夢想成真。外面早就有一大堆聲音準備要告訴你：把「不可能」這詞從你的字典裡刪掉，可以幫助你讓人生成為一連串幸福的時刻。相反的，這本日記的某些「每日或每週問題」會更加深入，可能會進入事物的核心。最重要的不是你對那些問題的答案，而是**當你真正深入核心尋找答案的珍貴過程。**你越用心回答這些問題，就能從本書中獲益越多。

什麼會讓你快樂？考慮到生活中可能衍生出的多種路徑，今天能否回答出這個問題，可能比以往都還要重要。「6分鐘日記」是個獨特的工具，由於它問了正確的問題，日復一日，因此能幫助你找到真正讓你快樂的事物。問對聰明的問題就已經成功了一半，這可是基本常識。

6
學習從外在環境
解放內心的幸福

「你有兩個人生，第二人生始於你明白人生只有一次時。」當成功的美國創業者、投資人納佛・拉維坎被問到他的人生是否已經歷這樣的轉捩點時，他回答：「過去，我大部分的時間都在掙扎著要得到某些物質和社會方面的成功，而當我得到那些物質與社會地位時，或至少是過了對我而言那些已不再那麼重要的階段時，我才發現，我身邊的同儕團隊，以及很多在我身邊的人都已經得到類似的成功，也在繼續取得更多成功，但他們似乎並沒有那麼快樂。

「以我自己來說，在達成一個新目標後，從來沒得到永久的幸福喜悅，我很快就會習慣。所以這讓我得到一個結論，聽起來可能有點陳腔濫調，就是，幸福是內在的。因此，這讓我走上了開始重視自己內在自我的道路，並理解到**所有真實的成功都是內在**

的，跟外在環境沒什麼關係。」

納佛的經驗絕非僅有，我們大部分人都覺得**如果**我們有更多錢、**如果**我們住在比較好的地方、**如果**我們遇到自己的真命天子或天女，或者**如果**我們得到夢想中的工作……我們就會比較快樂。然而，以長期的角度來看，**完全沒有必要等到下一個美好事件出現才能變得更加感恩與快樂**，因為每次你達到一個那樣的目標時，你就會發現沒什麼真的改變了，你還是同樣的你，以長期的角度看，鮮少有外在環境能夠讓你更快樂。有很多知名研究都已證實了這點，而且很可能你自己的人生經驗也支持這項說法。

這類的思考，即「一切都仰賴人生中的下一個如果」，就是心理學家所說的「制約式快樂」，而大部分人都被制約成這樣思考。這個「如果」是滿足的敵人，它就像地平線一樣，你可以永無止盡的走，永遠不會達到你的如果，因為總是還有一件必須做到的事，你才會覺得自己可以更快樂。說真的，你這樣想過多少次：「如果我達到這個或那個目標，我就會更快樂嗎？」而又有多少次達成之後，你真的覺得更加快樂，而且維持一段時間的？

今天，注意一下你有多常尋求更多，導致忽略了這個當下。你有多常想要未來如你所期望的方式展開，而不是去享受此刻的瞬間？現在就抓住快樂的機會吧，**從今天開始，把握時間慶祝生活中的幸福片段，把握時間珍惜重視這一天的小成就。**你上一次慶祝自己的某項小成功是什麼時候？如果你做不到，你也不太可能會去慶祝大的成功。

邁向幸福人生的道路，不是只有佛教僧侶才能得著的秘密方法。一天只要6分鐘，你可以建立更正向積極的態度，幫助你將幸福從人生裡的各種「如果」中解放出來。繼續看下去，自己去發掘吧。

　　昨天是過去，明天是未來，但今天是個禮物。
　　這就是現在（present）這個字也叫禮物的原因。
　　　　　　　　　　　　　　── 比爾凱恩（美國漫畫家）

　　幸福，不在別的地方，就在這裡；不是別的時刻，就是現在。
　　　　　　　　　　　　　　── 華特‧惠特曼（美國詩人）

CH2
這樣寫日記就對了！

日記的關鍵提問

☀ 早晨例行

❶ 我很感恩……（P.73）

寫下三件你感恩的事情，或是一件事情加上三個你感恩此事的理由。

❷ 我要讓這一天變得很棒的方法（P.80）

專注於這一天的機會和可能性。你今天的目標和優先事項是什麼？能夠讓你邁開腳步，走向正確方向的具體行動是什麼？

❸ 正向自我肯定（P.86）

描繪一下你看到今天或未來自己的模樣，將自己定義為你想要成為的人。

☾ 晚間例行

❹ 我今天做的好事（P.93）

就算是很小的善行也能讓他人感到快樂。記錄好事的用意，是給你一種持續的幸福感作為回報。

❺ 我要如何改善？（P.95）

你要不斷的成長與發展。你今天學到什麼？你看到什麼可以改進的機會？

❻ 我今天經歷的美好事物／幸福時刻（P.98）

每一天都有小小的幸福與成功時刻，睜大眼睛去看，抓住並緊握它們。

🗓 每週例行

❼ 每週5個問題（P.34）

這部分包含許多你可能從來沒有問過自己的問題，這些問題的目的，全都是要讓你更了解自己。

❽ 每週挑戰（P.37）

這部分是要讓你離開舒適圈，好讓你為了他人或自己去做某些事。

日記看起來會像這樣

2019 / 6 / 8

我很感恩……

1. 陽光照在我的皮膚上。

2. 我等一下要準備的美味早餐。

3. 豐富我人生的超棒朋友們。

我要讓這一天變得很棒的方法

我會去運動，因為我想要感覺身材漂亮又健康。

我會撥出1小時來做我手邊的專案，這樣我就能感覺有生產力又有決心。

正向自我肯定

我能控制自己的態度，我決定要堅強有自信。

每日金句 或 每週挑戰

我今天做的好事

我替某人撐住了門。我給咖啡館服務生真摯的微笑。

我要如何改善？

我要打電話給媽，問問她最近好嗎。

下午兩點以後就不要再喝咖啡了。

我今天經歷的美好事物／幸福時刻

1. 安娜說我很有幽默感。

2. 我努力達成了今天所有的目標。

3. 我同事奧利佛給我一本很棒的義大利食譜。

CH3
每週和每月的練習
會帶給你什麼？

每週5個問題─關於你的事實

從一個人提出的問題去判斷他的想法，
會比從他的答案判斷來得容易。
──皮耶─馬可─加士頓（法國政治家）

每個人都想要答案。我們都傾向於相信答案會告訴我們如何修正事物，而且最好告訴我們如何活得更快樂，尤其是我們的學校教育和職場環境，已將我們制約成從考試到考試，從目標到目標，我們被教導成要「注重結果」，我們會因為「正確」答案而得到高分，老闆會因為我們交出漂亮成果而拍拍我們的背。但**生活不只是最後的目標，而是這趟過程與所有的起伏跌宕。**我們的社會將莫大的價值依附在答案和結果上，導致我們的私生活也受到影響。

但最常見的狀況是，**我們沒有問自己合適的問題，或者我們太不常問問題，因為我們過度專注於快速修改與立即滿意上。**答案使我們認為我們已經發現所有事情了，所以沒有必要再繼續深入探討，然而，**「問題」促使我們跳脫框架思考，去發掘新的事物。**提問與思考的過程，最終會引導我們進步與成長，全球最成功的對沖基金創辦人雷·達利歐說過：「聰明的人，是那些問出最需深思熟慮問題的人，而不是認為自己知道所有的答案的

人。」**比起好的答案，好的問題才是未來成功與否的較佳指標。**因此，如果你重視學習、成長和不斷前進，你絕對要重視問題。有了每週的5個問題，你就是朝著正確方向前進了。

這5個問題，每週都是不一樣的全新問題。這些問題可能很深刻、有趣、有娛樂性、有啓發性，或者混合以上所有特性。如果你不喜歡某些問題，可以略過，而更好的做法是，在這問題上做個記號，過幾個星期後再給它一次機會。並試著問問自己，這種抗拒的情緒是哪來的，因爲有時候那些讓你感覺不舒服的問題，正是能夠提供你最有價值見解的問題。同時要記住，尤其是面對這些深入的問題時，**唯一的答案並不存在。**

無論是在科學上、在你的專業或私人領域中，大多數的答案都是暫時的，會隨時間改變，唯有那個根本的問題維持不變。因此，你今天給出的答案，可能會和一個月或一年之後不一樣。這5個每週問題的重點不在於你的答案，**而在於你傾聽自我的珍貴時刻——你在思忖與尋找那些答案的過程。**

想要了解自己一點點，
就必須研究自己一點點。
——伊凡·謝吉耶維奇·屠格涅夫（俄國小說家）

成功的人問較好的問題，

因此，他們得到較好的答案。

—— 安東尼・羅賓（潛能開發演講者）

最快樂的人是那些探索自己本質，並且讓生活方式符合本質的人。每週5個問題最棒的部分，就是圍繞著探索本質，幫助你建立更充實人生的基礎。若你允許自己實實在在去思索這些問題，你就能對自己個性背後的樣貌有獨特的觀察。這些問題給你思考的糧食，刺激你去進行一些認真的靈魂探索，並反映出你當下的心理狀態，這一切都是為了讓你深入並洞悉你的恐懼、欲望和目標。你會從意識最遙遠的角落中，挖出被壓抑與遺忘的事情，揭露關於你自己的驚奇事物。你會從新的視角去看自己，而這將引導你的思想轉向新的方向，讓你開啟之前一直關閉的門，並敞開心。

每週挑戰：離開你的舒適圈

每週都會提供一個獨特的挑戰，邀請你為他人或自己做一些好事。一開始，要達成挑戰看似有點困難，但長此以往，可以增進你的幸福感。

你天生的生存軟體是設計來節省心力的，因此會對新的、不熟悉的事物感到懷疑並抗拒，因為潛意識會把新事物與威脅連結。這就是為什麼你寧願窩在自己的舒適圈裡，你想要待在所有事物都很熟悉的地方，就可以把壓力和威脅降到最低，待在不需焦慮的空間中，所有事物多少都是安全可預測的。你想要有運動員般的體格，但是不想要去健身房，或者繼續吃誘人的不健康食品；

你寧願夢想與完美的伴侶走上紅毯，也不願邁開第一步，真正的出去約會。

既然你買了這本日記，很可能你對新鮮事物比一般人多了些開放的態度。那麼，如果你接受挑戰，允許自己直接面對新的體驗，你將會學到東西、保持彈性並逐漸成長。每週的挑戰會強迫你跳出自己的陰影，雖然在現實中，以物理法則的定義來看，跳出陰影是不可能的，但你的心靈絕對有能力做到。

就像世界上最常被下載的podcast講者提摩西・費里斯說的：**「一個人的人生是否成功，通常可以用他願意面對的不舒服情境數量多寡來衡量。」**無論是在工作、人際關係、靈性或身體健美的追求上，想要更成功，你的目標和舒適圈不會住在同一條街上，甚至連郵遞區號都不會一樣。所以，把「方便」當成好，就是件很方便、但很不好的事情。如同生命中所有實質的進步一樣，你的個人成長也是發生在舒適圈以外，當你實際上跳出了舒適和方便的心理巢穴，你將是最大的受益者。

每月檢視：你的個人快照

最聰明的人不只會把他們的洞察力用來評論別人，
也會評論自己。

—— 瑪麗・馮・埃布娜—埃申巴赫（奧地利作家）

綜合情緒、正念、健康飲食、財務、娛樂等，在你人生的不同領域中，你認為自己在什麼位置？在這個部分，你會留意綜合的全景，讓你比較生活中的這些不同部分，隨著時間過去有了什麼改變。一開始，要記錄一下自己在什麼位置，過了幾個月之後再回顧，你就能看出生活中的各個領域有了什麼改變。

你可以現在就快速看一眼（請見日記本P.2），如果有個項目是你覺得自己沒有涉及的，留白就好，或是打個叉，用其他你覺得書上可能遺漏掉的項目去替換。不需猶豫，就把這本日記做為你的個人紀錄，加入獨一無二的印記。

每月習慣追蹤表：讓好的決心變成扎實的習慣

好習慣對美好人生是至關重要的，所以我們才會針對「習慣」這個主題，寫了一整個章節，這也是為什麼每月習慣追蹤表是這本日記的一部分（請見日記本P.3）。

不管你想要改變生活中的哪個部分，在可持續的基礎上進行改變的最佳方法，就是透過好習慣，那些你用小而實在的步驟建立起的習慣。有了每月習慣追蹤表的輔助，等於擁有一項獨特的工具，可以建立好習慣；同樣的，也可以改掉壞習慣。

CH4
6分鐘日記背後的
理論基礎

學會最佳運用6分鐘日記

這本日記的理論基礎分為三部分：**正向心理學、習慣、自我反省**。

正向心理學領域中的研究，就是這本日記的理論地基，但也涵蓋了習慣和自我反省的基本原則。如果你學會正確的應用這些原則，就能達成生活中幾乎所有的目標了。

試著深入探索，你可能已經知道其中的一些事物，但是在每天忙亂的工作、社會責任和自身需求中，太容易遺忘了。基礎能幫助你從理論上理解並內化這些原則，而日記能讓你每天練習運用。

基礎一：正向心理學
……讓人更快樂的科學

正向心理學是什麼？心理學家可不是總在研究快樂的。事實上，一直到90年代晚期，心理學領域的研究幾乎都集中在人生負面角度，主要是研究心理疾病的治療，以及人該怎麼處理重大的痛苦，像是憂鬱症或情緒崩潰等。這種現象的一個主要原因，是心理學這個研究領域的經費，總是非常依賴政府的資金，二次世界大戰之後，這些錢更是幾乎全數投入到治療因戰爭而產生的心

理疾病。接下來的50年,心理學界的研究重心都維持不變,而一直被遺漏在外的,就是那些沒有受到任何心理疾病或失調症折磨的人,也就是在大部分狀況下,對自己的人生還算滿意的人,簡單的說,即所謂「正常人」。

有些持懷疑態度的人讀到這裡,可能會認為正常人是不快樂的,但這是天大的錯誤。統計數字清楚指出,在146份不同研究中,對來自16個國家,總共18萬8000名成人(包括1萬8000名大學生)進行調查,絕大部分的人都認為自己「相當快樂」。一如既往的,看例外的人就能證實這項法則:戰爭時期和政治迫害,如南非的種族隔離或柬埔寨的種族滅絕,就是完全不同的狀況。但是如果你走在今天的街道上,你可以安全的假設你遇到的大部分人,都是快樂而非不快樂的。同樣的研究也顯示,幸福快樂平均分配在不同的年齡層、文化、性別、收入和國家。

你要如何讓人更快樂?

那麼,什麼會讓人生值得活呢?什麼能改善人的幸福程度,他們要如何創造出自己真正喜愛的人生呢?你要如何讓人更快樂、更充實,而不只是在彌補缺陷不足呢?

如果你可以測量一個人的主觀幸福程度,從-10(極度悲慘)到+10(超級快樂),那麼正向心理學的主要問題就是:如何提升一個人的幸福程度從1到4,或是從5到8,而不是從-8拖到-3,

或是從-2到0？

簡單的說，你要怎麼讓健壯的花朵綻放盛開，而不是讓快枯萎的花朵健康起來？正向心理學是對人類如花盛開的研究，探討美好有意義的人生需要什麼的科學。

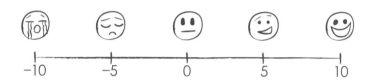

美好人生需要一個單獨的解釋

一般的假定是，從-5復原到0，就等於得到幸福快樂了，然而研究指出這是一種邏輯謬誤。我們的直覺都會同意，如果這個人不再受憂鬱症所苦，也不表示他每天早上醒來都會神采飛揚的對這一天充滿期待，不管當事人先前患的是什麼病，快樂的人生都不會在疾病治癒之後自動產生。換句話說，在刻度表上的0，跟其他大於0的數字有根本上的不同。

因此，美好人生需要自己的研究和單獨的解釋，單純的反轉傳統（負面）心理學的理論原則是不可行的。基於這個因素，正向心理學研究並非疾病和失調症導向，而是專注於研究人們的幸福感，尋找持久的和可持續擴增的快樂。

> 這個時刻終於到來，一門試圖理解正向情緒、
> 建立力量和美德，並為尋找亞里斯多德所謂的「美好人生」
> 提供方針的科學產生了。
>
> —— 馬汀‧賽利格曼（美國心理學家）

每個人都能解開幸福的算式！

正向心理學與它所根據的科學研究可靠性息息相關，到目前為止，這些研究的明晰程度令人讚嘆。雖然幾乎所有理論都會有一個相反的理論，但直到現在，對於正向心理學的關鍵訊息，仍沒有經科學證實的反面觀點。簡單的說，正向心理學成功展現了以下幾點：

- 感恩對一個人的快樂程度至關重要。
- 豐富的生活比富足的生活更重要，諸如財富、社會地位等物質因素，都不是個人長期快樂程度的決定因素。
- 一個人的人際關係對他們的主觀幸福程度極為關鍵。
- 快樂是可以學習的。你不可能擁有快樂，它不是命運或運氣問題。

這本日記並不是一副玫瑰色眼鏡

「6分鐘日記」是個方法，幫助你建立專注於快樂事物的習

慣，不只如此，它還能夠幫你找到這些事物是什麼。這本日記的目標不是要讓你透過玫瑰色眼鏡看世界，忽略或壓抑所有負面的感覺，而是要**透過更樂觀的眼鏡去看人生**。替你生活中的每隻豬塗上口紅，假裝一切都是獨角獸和彩虹，並不是一個能持久的方法。妄想般的正向思考從來就不是長久之計，這就是為什麼日記的晚間例行中，包含了一個「你打算怎麼改進」的部分。

> 你的人生，與其說取決於生活帶給你的東西，
> 不如說取決於你對生活的態度；
> 與其說取決於發生在你身上的事，
> 不如說取決於你大腦對這些事情的看法。
> ——卡里‧紀伯倫（黎巴嫩作家）

有句話說，**要把注意力放在機會，而不是放在障礙上**。適度的樂觀能帶給你希望，而暫時湧現的悲觀能避免你過度自滿。現實主義也能幫助你區分你可以影響的事物和無法控制的事物。

以擁抱悲傷來珍惜快樂

> 「悲傷」是證實生命存在的一種振動。
> ——安東尼‧聖修伯里（法國作家）

你認識這種人嗎，不管遇到什麼情況或環境，看起來永遠非常快樂？其實這種人的內在世界跟他們表現出來的樣子可能非常不同，因為**否認負面情緒會導致更深刻、更持久的負面情緒。**

> **勇氣是抵抗恐懼、掌控恐懼，而非沒有恐懼。**
> ——馬克·吐溫

我們的當代社會被消費文化與社群媒體型塑，中心思想就像這樣：「我很快樂、我沐浴在愛中、我很性感！」「我是獨一無二的，因為我正在做不一樣的事！」「嘿！快點看我，我的生活比你們的酷多了！」一整個世代的成長過程中，都認為恐懼、焦慮、悲傷、罪惡等負面的體驗，是完全不可以的。然而，有個關鍵點是，**若沒有負面情緒，我們就不可能體驗到正面的情緒。**沒有陰就沒有陽，沒有恐懼就沒有勇氣，沒有黑暗就沒有光明，沒有死亡就沒有命，沒有緊張就沒有放鬆，而沒有悲傷，也就沒有快樂。要感覺快樂，**一定程度的負面情緒是絕對必要，甚至很健康的。**

你越早接受你無法完全避免悲傷和痛苦，就能越快停止避開你的個人幸福。你無法創造恆久完美的幸福，但你可以讓它擴展到最大；你無法創造完美無暇的人生，但你可以活出美好的人生。「6分鐘日記」無法將你帶入純然的幸福中，但如果你以正確的方式使用它，你將會比以前更快樂，你會更加認識自己，更深的愛自己，也更加接近你的夢想。

> 一個人如果完全感受不到悲傷，就無法生存。
>
> ——艾彌爾・涂爾幹（法國社會學家）

基礎二：習慣

……通往「最佳的你」的快速道路

> 性相近，習相遠。
>
> ——孔子

　　人類是習慣的動物，每天有95％的決定都是不經意識思考而做出來的，這些決定是我們的潛意識在幾毫秒內做出來的，由常態和自動化來規範。平均來說，每天有70％的想法跟前一天是一樣的，而40％的行為是每天重複，完全出自於習慣。所以說，要讓習慣離開老規矩，這很困難，是可以理解的。

　　想像下面的情境：

　　一家廣播電臺舉辦了一個獎金5萬美元的競賽，電台主持人海利・布魯克斯會在這一週內的某個時間，隨機打電話到當地民眾家裡，任何人只要在接電話的瞬間報出主持人的名字（而不是自己的名字或其他話語）就可以得到5萬美元。

　　你目前欠債4萬5000美元，如果贏得這個比賽，你就能輕易的償還債務。

這個競賽在鎮上掀起了熱潮，每個人都在討論，而你很幸運的擁有一週的假期，所以從星期一開始，你一直能夠以「我是海利·布魯克斯」接聽每一通電話。現在是星期六晚上8點57分，你正準備看HBO新一集的《冰與火之歌：權力遊戲》，你正在準備美味的三明治，打算搭配影集享用時，電話響了！此時，你腦中唯一的想法是：不想因討厭的推銷電話而錯過影集開頭，所以你加快腳步，一把拿起話筒，然後⋯⋯報出了你自己的名字！電話那頭當然就是主持人海利，而你當然沒贏得5萬美元。

這種事情到底怎麼會發生？答案非常簡單：你內在的習慣動物再次展現給你看誰才是老大。不管5萬美元對你來說意義多麼重大，**意願和習慣就是兩件不同的事！**

短短幾天不足以改變你的習慣，將那隻動物從習慣的牢籠——牠的棲息地——之中釋放出來，事實上，大約要花66天才能做到，這點稍後會再詳細解說。培養任何其他你想要改變的行為，也差不多需要同樣長的時間。

這應該能讓你明顯的看出，你無法在短短幾天之內，將你對生活的態度調整到更積極的方向。同樣的，「6分鐘日記」將需要比幾天更多的時間，才能在你生活中完全發揮作用；不過既然它會陪伴你超過66天（其實這本日記將會陪伴你大約半年那麼長），所以你會擁有相當充足的時間，按照自己的意願去培養或捨棄任何習慣。為了要讓轉變成功，你需要做的是一小步、一小步的前進，而不是大幅改變。所以從小處開始，但要夢想遠大，

我們先造就習慣，

之後習慣造就我們。

——約翰德‧萊頓（英國詩人）

然後觀察「習慣」如何隨著時間成為你的一部分。

意志力是有限的資源：羅伊‧鮑邁斯特和他的蘿蔔

你知道那種艱辛的日子嗎？

你做了很多決定，然後每天晚上回到家都覺得徹底筋疲力盡了。那些日子裡，你是否很難控制自己的本能衝動？你很可能放棄你的新飲食計畫、延宕重要的任務，或是很容易分心。為什麼這種現象經常在一天結束時發生呢？

早晨時，一個人是以全身在行走，到了晚上，只剩下腳在走了。
—— 愛默生（美國文學家）

下面這個實驗，由著名的社會心理學家羅伊‧鮑邁斯特所指導，或許可以幫忙闡明上述問題。

受試者被告知實驗前必須禁食，然後要求他們待在一個房間裡一段時間，房裡有剛出爐的巧克力餅乾和生的櫻桃蘿蔔，第一組可以吃任何他們想吃的東西，而第二組只能吃櫻桃蘿蔔。吃完之後，兩組人都被告知要試著解開一個幾何拼圖，但那其實是無解的。

第一組20分鐘後才放棄，而第二組平均8分鐘之後就投降了，這是很顯著的差異。吃蘿蔔的那些人放棄得如此快，是因為他們

的意志力被「抵抗餅乾的誘惑」削弱了，因此當他們試著解開拼圖時，已經沒辦法再用意志力讓自己全心進行另一個痛苦任務，並不只是因為某些受試者比其他人餓。

進一步的研究也可以證實，我們每天儲存的**意志力其實是有限的資源，不只抵抗誘惑會耗盡意志力，做決定也會**。這就是為什麼賈伯斯總是穿同樣的套頭毛衣，為什麼歐巴馬都穿一樣的西裝，以及祖克柏每天都穿一樣的T恤，就是為了**避免決策疲勞**。早上站在衣櫃前面，選擇要穿哪一件衣服，或是躺在床上，決定要不要再次按下貪睡鍵，都會耗掉寶貴的能量。而既然你在一整天活動裡耗盡了意志力，到了晚上當然什麼也不剩，使得你更容易沉溺於一時衝動和基本欲望。好習慣能預防這種狀況發生，它們不需要你做決定，因為那已經被處理好了。

> 動機讓你開始行動，習慣讓你持續下去。
> —— 吉姆・羅恩（成功哲學大師）

好習慣能節省意志力

做了500次二頭肌彎舉後，你幾乎無法抬起手臂，同樣的道理，在面對無數個決定和誘惑後，你的意志力已經無法再表現出最佳狀態，這就是為什麼在一整天特別困難的工作後，你會更容易去拿一桶冰淇淋，或是多喝一杯紅酒。同樣的理由，在考試前

拚命讀書，最糟糕的不受控狀況，就會發生在考試後那晚。

舉例來說，你為什麼會想要一整天都在重複做健康的決定呢？為什麼要把每個小決定分開來？我現在要喝可樂還是水？我要選擇去健身還是看Netflix影集？我要吃沙拉還是起司漢堡？何不乾脆建立起健康飲食習慣，擺脫做決定的反覆掙扎，這樣不是容易多了嗎？同樣的邏輯也能套用在你生活的每個領域。

當然，建立一個新的習慣，一開始需要大量意志力，不過一旦這個習慣生根了，你就可以將雙手從做決策的方向盤上放開，鬆開踩著意志力加速器的腳。現在你可以放心交給習慣的定速巡航，以自動駕駛表現出想要的行動，這樣一來，生活變得更加單純，許多每天的掙扎和麻煩也都消失了。不久之前必須耗費那麼多力氣的事情，現在如微風般輕鬆。

如果你經常使用「6分鐘日記」，樂觀的態度也會成為你的新習慣之一。這個新習慣，讓你不需要再把珍貴的意志力浪費在「有意識的透過更樂觀的眼」去看世界，因為你已經把這件事變成習慣了。**「習慣」和「自動反應」會讓生活更加輕鬆，不會給大腦不必要的負擔。一整天裡面，你需要做的小決定越少，你在做重要決定時的效果就會越好**，這能留下足夠的時間和腦力，在你最需要的時候使用，也就是要處理困難、重大與緊急的事件時。

科學證實：建立習慣需要66天

　　心理學家費莉帕‧勒理設計了一個實驗，想知道建立與鞏固新的習慣需要多少時間。這個實驗的受試者將近100人，平均年齡27歲，這些受試者被告知要培養一個健康的習慣，並且連續做84天。他們可以選擇要每天散步15分鐘、每天午餐加入一種水果，或者每天早上做50下仰臥起坐。

　　結果顯示，從有意識的執行運動到成為自動的習慣，平均為66天，如果是較複雜的習慣，需要的時間比簡單的習慣更久。在這個實驗中，每天午餐配一種水果就是比較簡單的習慣，而每天早上做仰臥起坐是比較複雜的。有些人就算期間有一兩天沒做，最後還是達成了目標，這表示有「6分鐘日記」的幫助，就算你錯過了一兩天沒堆磚頭，最後還是能夠完成你的幸福之屋。簡單整理如下：

❶ 經過大約66天，一個新的習慣就會成自然，並成為你生活的一部分。

❷ 建立習慣不是一個全有或全無的過程，零星的遺漏是可以被原諒的。

　　「6分鐘日記」特別之處就在於，**每天早晚的例行書寫會自動發展出一個新的、有益的習慣**，而大概在66天之後，就會變成你

的一部分了。接下來6個月的每天早晚，你都在紡織幾條新的絲線，將你的生活編成一個許多好習慣的網絡。

> 積思成言，積言成行，積行成習，積習成性，積性成命。
> ── 老子

你可以訓練意志力，就像訓練你的二頭肌

這66天裡發生了什麼事？

在你的大腦裡，**前額葉皮質**負責自我控制，因此你的意志力就住在這裡，它就像肌肉一樣，需要大量使用。雖然運動短時間內會讓肌肉疲勞，但長期下來，規律的運動可以強化肌肉。同樣的，你也可以改善意志力到某種程度，就像鍛鍊肌肉一樣，如果大腦的某個部分活動增加，就會使得神經路徑成長與重新建構，這個部分實際上會變得更大。因為健身或舉重造成的肌肉增加或變大，在中樞神經系統（大腦與脊髓）中，就稱為**神經可塑性**。

如果你想要每天早上吃兩份水果，或是建立靜心的習慣，大約做了66天後，就能在你的大腦中重新編寫出這樣的神經路徑，這就是神經可塑性。你腦中的「安裝程序」已經完成，從這時開始，想逆轉也不太容易了。積極態度或成長的心態也是如此，想要得到這些，你可以利用類似方法來重新編寫大腦。

複利的力量

有人問愛因斯坦，宇宙中最強大的力量是什麼，他立即回答：「是複利的力量。」巴菲特 —— 可能是有史以來最成功的投資者 —— 當被問到他成功最重要的因素時，也給出了同樣的答案。既然這兩位名人都是相當可靠的來源，他們這麼說一定有其道理。

如果你投資1萬美元，一開始的年利率爲5%，到了第一年結束時，你有1萬500美元，但是這樣持續20年，你就有將近2萬7000美元。我們都很清楚複利的效果及其在存款方面的重要性，但是你不需要投資任何金錢，也可以獲得同樣的效果。如果你每天改善1%，每天複利，一年下來就累積到3778%了，表示你已經比剛開始時好了38倍。

在人們的習慣上，也能看見同樣的成長效果，這裡的利率等於是我們每天採取的小步驟，這些小步驟的結果將會指數成長。**讓我們成功快樂的，並不是少數幾個重大決定，而是許多累積起來的小決定。**

> 小而聰明的選擇＋ 堅持＋ 時間＝極大的差異
> —— 戴倫・哈迪（美國作家、演講者）

給你一個實際的例子：

如果你每天花10分鐘閱讀「個人成長」相關主題的內容，短時間內，你的生活不會有什麼大差異；然而，過了一個月，它就會開始給你重要的想法和見解。例如，一個想法可能是你想把更多感恩和珍惜帶入你的生活中。再過一個月，在你每天10分鐘的閱讀中，偶然發現了《6分鐘日記的魔法》，你決定買下來，並相信自己從現在開始因為有了這本書，每天花在「個人成長」上的時間會更加值得——你甚至還能每天節省4分鐘：）。你開始更加感恩，注意到一些微小、似乎無關緊要的正向改變，3個月之後，更多感恩和幸福已經成為你生活的一部分，因此長期來看，你的人際關係更好、對生活更滿意，以更樂觀的態度過每一天。你的睡眠改善了，能將生活中的壓力處理得更好，也得到更長且更充實的人生。一開始，效果很微小，但隨著時間累積，會變得非常驚人！

> 看在上帝的份上，先讓自己練習一些小事情，
> 接著再往較大的去。
> —— 愛比克泰德（古羅馬哲學家）

一個好習慣很快會變成好幾個

複利和習慣還有另一個共同之處：一旦你跨出了第一步，接下來的步驟就會自己跟上。一旦你養成了一個好習慣，它通常就會

成為土壤，讓其他好習慣幾乎是自動的長出來，就像銀行裡的複利，只要把錢投資或存進去，它就會自己運作了。

繼續拿金融來比喻，有些人會說，不同的習慣，其利率高低也不一樣，因此，在初步投資你的體力、紀律和意志力時，建立某些特定的習慣，會是比較理想的選擇。這樣的高利率習慣也被稱為「**基石習慣**」，毫無爭議的例子包括**運動、靜心、閱讀或寫作**。一旦有了這種基石習慣，它們就會自行進入你生活中的其他領域，使得其他好習慣變得更自然、不那麼乏味。

如果可以藉由改變少數幾個習慣，達成你的目標，為什麼還要花時間改變一大堆習慣呢？聰明的運用你的精力，專注於先發展那樣的習慣，因為它們會改變、移除與重新塑造其他習慣。使用這本日記，你就是已經在應用這項策略了，因為你正在為關鍵的基石習慣打下根基。「6分鐘日記」將會讓你生活豐富性以指數成長，因為它能讓你培養多種好習慣，比如樂觀、每天的感恩，以及透過反省而成長。

> 複利是世界第八大奇蹟。
> 了解它的人，就能賺到它……不了解的人，會被賺走。
> —— 愛因斯坦

許多研究都證實了基石習慣的有效性。舉例來說，其中一個研究裡，受試者必須舉重2個月。一個正面習慣會誘發其他習慣，

很快的，這些受試者開始吃得比較健康、減少酒精和香菸、為自己的課程讀更多書，甚至更常整理自己的房間。

在另外一個研究中，受試者必須詳細記錄他們買的所有東西，為期4個月。同樣的，不只他們的財務狀況改善了，一個習慣還會帶出其他的，他們吃得更健康、喝較少酒精和咖啡因飲料、減少吸菸、更常運動，並在工作上表現更好。

這聽起來是否很耳熟？你上一次培養好習慣是什麼時候？你是否注意到其他好習慣幾乎是自動的跟過來？習慣是讓你能確實達成目標的最佳方法，每天使用「6分鐘日記」並看著魔法發生吧。要通往你的個人成功並沒有電梯，你必須走樓梯。

基礎三：自我反省
……你怎麼看待自己，以及什麼讓你快樂？

所有的早晚例行部分有什麼共同點？確實的說，如果使用正確，它們會一步一步提升你的快樂值。為了要做到這點，例行記錄的每個部分都會啟動非常珍貴的自省過程。

自省過程是什麼？

自省是一種讓過去、現在和未來的行動，都在思緒中連結的活動，這裡**最關鍵的不是你在想什麼，而是你怎麼思考**，換句話

說，重要的是思考過程（思考這個主要是爲了每週的5個問題和晚間例行），在此過程中，你會根據過去的經驗或已設定的目標，來評估你的各種行動，在評估過程中，你可以想出該如何進行的選項和決定。

把自我反省想成一座電梯，帶你下降到你的潛意識裡，你可以在此清楚的看見控制中心，然後，你就可以在這裡花點時間收集獨特的見解，檢驗所有控制你行動、感覺和思考方式的機制和模式。在這個過程的最後，你會學到關於自己的新事物，爲你打算做出的行爲改變，打造理想的決策工具。

卓越的自省能力是個人發展的大前提

科學研究指出，有卓越自省能力的人，在人生中幾近所有領域都更有優勢。他們是較優秀的計畫者，也有高超的情緒處理方法，他們更加自律與專注，會做出更審愼的決定，還有一點很重要，他們更善於預測潛在的問題。

> 你無法教導一個人任何事情，你只能幫助他從內在去尋找。
>
> ——伽利略

如果你連自己都不了解，要怎麼改善自己並提升生活的滿意度呢？**你越了解自己，內在對話就越開放，你眼前的道路也會鋪得**

越好。

　既然以長期的快樂來看，持續的變化是不可避免的，那麼你就應該避免困在自己的觀點和舊有思考模式中，對自己的選擇採取一種**直升機視角**會相當有助益，因為它能促進你與自己的對話更開放。當你的情緒經常表現得像是約束衣，一直在抗拒任何變化，並在你完全沒有意識到的狀況下，將你導引到特定方向，此時，就是**有意識的自我反省**上場的時候，**它可以作為任何改變的起點，讓你觀察自己的情緒，而不是被情緒占據，**辨識出它們而不被它們同化。

　這是讓你遠離思緒旋風和混亂情緒的一種方法，藉由這麼做，你可以將自己的實際行動，從情緒的自動和任性反應中解放出來。你越常練習這個方法，就越容易上手。每天晚間例行、每週5個問題，加上偶爾回顧一下過去的日記內容，會讓你更能監控自己的控制中心。

沒有自省，就沒有成功

　你感恩什麼？什麼能讓你快樂？要怎麼在生活中融入更多這些事物呢？

　你是否有過這樣的經驗，當你在平靜安詳的時刻思考這些問題時，這些事物就會變得更清晰？在每天的繁雜忙亂中，你的大腦被外在刺激過度轟炸，幾乎不可能分辨哪些是對環境的反應，而

哪些才是你自己的想法。正因此，你應該在**早上剛起床**和**晚上睡覺前**使用這本日記，這些時刻沒有人打擾你，也沒有外在因素會影響你，就只有你和你的反思。

在世界上的任何一個地方，若是有人拿出信用卡，有極大的可能都會是VISA卡。每個人都知道VISA，但誰認識迪依·華德·霍克，這位於1968年創辦VISA的人？他擔任VISA的CEO數十年，被公認為企業界的先驅，在負責管理工作超過50年後，他堅信自我反省是成功的關鍵。以他的觀點來看，**一個人時間的50%應該投資在自我管理上，才能更了解目標、動機和價值，以及自己的行為。**

自省是持續的過程

一個人絕不會保持原狀很久，

人總是不斷改變，很少維持同樣狀態，就連半小時都很難。

—— 喬治·葛吉夫（俄國神秘主義者、哲學家）

你不會在某天早上醒來就發現自己產生了根本的改變，就像沙灘上的沙，緩慢且持續的轉變成新的形狀和結構，你的特性也是逐步的轉變調整。因此，人生中重要問題的答案，必須一遍又一遍的重新整理與反思。

以退休金為例：15歲時，誰會對退休金有興趣？應該很少吧。

然而，過了10～15年後，情況就相當不同了，這時財務保障變得比較重要，可以大幅提高整體生活滿意度。你十幾歲的時候，那些讓你快樂的事物，跟10年之後讓你快樂的事物相當不同。同樣的道理，我們通常是幾個月、幾年，甚至幾十年後，才會注意到自己的改變，你越能夠跟上並理解你不斷在經歷的改變，你內在的決策羅盤就能運作得越好。

一個周全的自省過程，可不是一個晚上就夠了，也不是做一次就夠，更甚者，它是個持續的過程，與自己的長期對話。就像所有的對話一樣，品質的差異影響相當大，像是「你感恩什麼？」這樣的問題，如果你只給出很表面的答案，而且久久才思考一次，那麼答案當然很難有長遠的影響。你握在手中的這本書，就是讓你可以經常回答這些問題的機會，**深入你的內心，用最少的時間練習極有價值的自我反省吧。**

但是，我已知道我想要什麼了⋯⋯

你大概會認為你早就知道自己想要什麼了：一個美滿的家庭、更多錢、好食物、獨立、（更多）性、權力、趣味、變化、假期⋯⋯之類的。當然，在相當概略的層面上，你知道你想要什麼，但讓我們深入**真實的本質**，去看你真正想要的東西，以及對你而言，什麼讓人生更有意義。

哪一件非常具體的日常活動能讓你快樂？你每天做的哪一件特

定小事情，能讓你接近更充實的生活？你去執行的小小行動，價值其實勝過你計畫的大事情。有了「6分鐘日記」的幫忙，隨著時間過去，你將會發現這些具體的行動，經由規律的寫下來，你的潛意識將會記住它們，帶著它們去你去的任何地方（請見P.85「RAS」）。你越常這樣做，這些具體行動就會越明顯且自然的成為你的日常習慣及你的一部分。

「你真正想要的是什麼？」這個問題變得越來越重要

舊工作消失，新工作興起；老舊知識失去價值，新的技能需求量大。由於網路普及，現在每個人都能接觸到知識，這也正是為什麼現在的終身學習比以往更重要。

以前我們讚賞一輩子都留在同一間公司的忠誠員工，現在，一個工作做一輩子的觀念已經很罕見；過去，人們一輩子都待在同一個地方，而現在，地理方面的靈活度幾乎已是必備條件；我們的父母大多依然做著畢業後就開始做的工作，或者已經做到退休了，然而現在，似乎很多人換工作比換內衣還頻繁。改變學習科目、專業方向或公司，已成為標準的一部分。

多到讓人眼花繚亂的職業選項，使得選擇「一條路走到底」變得越來越難，大量的選擇也出現在人生的所有其他選擇中，有無數本書都在講同一個主題，無數商品都是同一種功能，還有無數個服務供應商都提供同樣的服務。我們眼前的選擇越來越多，時

間卻越來越少，我們迷失在樹叢中，看不見整座森林了。

正因為有幾乎無窮盡的選項和人生道路，一開始就問自己真正想要的是什麼，變得比以前更加重要，要**專注於能滿足你的事物，這就是第一步**。數十年的研究顯示，關於過去是什麼讓我們感到快樂，我們的判斷都非常不正確，在回想什麼讓我們快樂時，我們通常會加減一些重要細節，卻毫不自覺，而絕大部分情況中，這些細節才是真正讓我們快樂的因素。**使用「6分鐘日記」，你就能避免成為不精準記憶的受害者，反過來，這些記憶會給你更好的機會，去重新組裝快樂的拼圖**。當然，你不可能寫3天日記就得到這種見解，但是經過一段時間，就會變得更清晰。

要想起你真正想要的事物，有什麼方法會比每天寫日記更好呢？你在期待什麼、你感恩什麼，又是什麼讓你的日子很充實？透過每天回答這些問題，你就是一遍又一遍的在設置正確的心理程序。「6分鐘日記」是一把能替你開啟非常巨大之門的小鑰匙，它能幫助你打開門，找出到底什麼能夠讓你的人生快樂。然而，必須要穿過那道門的，就是你。

> 如果一個人不知道他要航向哪個港口，就沒有適合的風向。
>
> ——塞內卡（古羅馬哲學家）

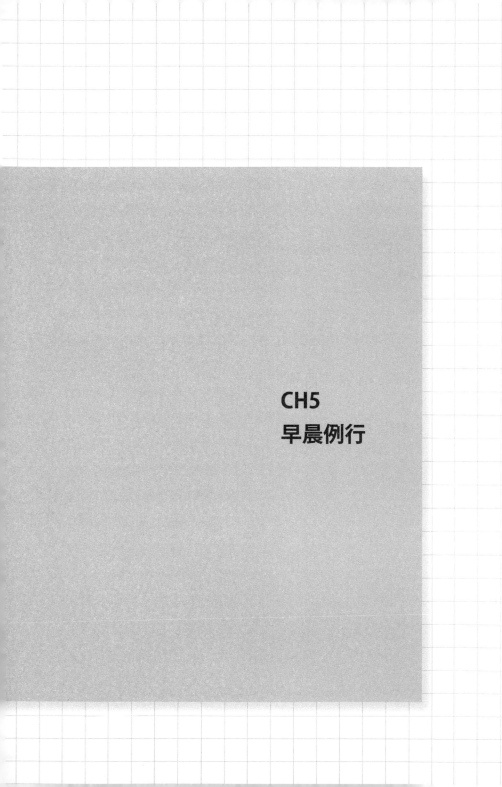

CH5
早晨例行

為什麼這會是一天的完美開始？

早上起床時，想想活著是多麼大的特權
—— 可以呼吸、思考、享受，去愛。
—— 馬可・奧里略（羅馬哲學家皇帝）

你開啓一個早晨的方式，通常就決定了你會擁有什麼樣的一天。

「6分鐘日記」裡的早晨例行，目的是要釋放多巴胺，確定你完全醒來了，這樣一來，你可以利用一天剛開始的時間，用積極的能量把自己的電池充飽，迎向有生產力的一天。這就像是拿弓箭瞄準目標，你瞄準眼前這一天，拉開弓，準備要在接下來一天時間內攻向你的目標。

不管你在什麼時間起床，早晨例行都是最重要的例行事項。試著找出一個沒有固定早晨例行事項的成功人士，會像是大海撈針一樣難。但或許你從來就不是早起的人，又或許你覺得出門之前就是騰不出幾分鐘時間？如果是這樣，請看看下面這些人的早晨例行事項，他們絕對比我們一般人忙非常多。

太忙著將事情做好的人，反而沒時間去做好一個「人」。
—— 泰戈爾（印度詩人）

巴拉克・歐巴馬：這位前美國總統嚴格遵守他的早晨例行事項，都在每天的第一場正式活動前2小時，在這2小時裡面，他不會讓任何媒體或新聞影響他的大腦。每星期6次，他花45分鐘做有氧運動與舉重，運動完後和家人一起吃早餐。他這樣形容他的早晨：「當我遵守我的早晨例行事項時，接下來的一天會更加有生產力。」

阿里安娜・赫芬頓：由於她的高度影響力，線上報紙《赫芬頓郵報》的總編輯經常被譽為「部落客之后」。她的一天始於呼吸練習、30分鐘靜心、寫下3件她感恩的事物；之後，她會喝一杯咖啡，訂定這一天的目標。她深信靜心給她的人生帶來許多正面效果，所以她還提供員工每週的免費靜心課程。在做這些早晨例行事項的過程中，她會避免去看手機，能多久就多久。

傑克・多西：他是推特和電子支付系統Square的發明者與創辦人。身為兩間價值數十億美元企業的執行長，他每天工作16個小時：8小時給Square，8小時給推特。然而，他還是有辦法每天早上挪出一些時間，5點半起床，靜心30分鐘，然後慢跑10公里或運動30分鐘。（如果你喜歡看這些早晨例行，還有25個這樣的例子收錄在電子書《*The Golden Morning Routine*》中，請見createurbestself.com。）

這個清單還可以無限延長：馬雅・安傑洛（美國詩人、作家）、理查・布蘭森（維珍集團執行長）、比爾・蓋茲、伍迪・艾倫、卡麥蓉・迪亞、史蒂芬・金、蜜雪兒・歐巴馬、艾倫・蘇

格男爵、希拉蕊‧柯林頓、席維斯‧史特龍、提摩西‧費里斯、
阿諾‧史瓦辛格、梅琳達‧蓋茲、凱特‧密道頓……他們全都有
自己遵行的早晨慣例。而且要知道，這不是21世紀特有的現象，
奧里略、貝多芬、歌德、邱吉爾、海明威、佛洛伊德、達爾文、
莎士比亞、康德、珍奧斯汀、馬克‧吐溫，以及許多我們熟悉的
名人，早在我們這時代之前，就知道早晨例行事項的價值。他們
全都有固定的早晨慣例，每天早上的第一件事，也都是留一些時
間給自己。

你現在還覺得無法每天早上為自己的幸福投資3分鐘嗎？

為珍貴的自己留一些時間

「遇到緊急狀況時，請先戴好您的氧氣面罩，再協助其他
人。」在這項安全指示背後，有個非常好的理由：如果你不能呼
吸，你也無法協助其他人。同樣的道理可以套用到日常生活中，
每天早上，**從你離開家的那一刻起，你的體力大多花在服務他人
的事務上，一整天下來，你把自己的需求擺到一旁的頻率超出想
像**。所以，在那之前，「好好照顧自己的需求」就更加有道理
了。這樣一來，你可以為這一天把自己的電池先充滿，而不是一
早就耗盡了電量。

這絕對不是自私的行為，因為要記住，只有你自己先能夠呼
吸，你才能幫助他人呼吸。所以，下一次你覺得「超累的」或你

起得「太晚了」時，還是寫一下「6分鐘日記」，將自己擺在優先次序表的最頂端，一定要將這多出來的幾分鐘「刻進」早上的行程中。

你的首要責任是讓自己快樂。
只有你快樂了，你才能夠讓其他人快樂。
——路德維希·安德列斯·費爾巴哈（德國哲學家）

你是主動行動還是被動反應？

如果你不掌控這一天，這一天就會掌控你。

被動反應的人總說「我必須」「我沒時間做那個」「我沒辦法」或「為什麼我老是這麼辛苦？」相對的，主動行動的人會說**「我想要」「我會找時間做的」「我會搞清楚要怎麼做」或「我要做什麼才會更快樂？」**以主動出擊的方式開啓這一天，表示以有創意、有彈性、自己決定的方式開始。

絕大部分的人都是以被動反應的方式開始一天。有手機的人口當中，有78%在早上起床的15分鐘內就看了手機，他們最先看的服務軟體主要是臉書、Instagram、WhatsApp，還有電子郵件。為了避免一大早就被別人的生活擾亂你的思緒，你應該試著避免這種被動反應的活動。以**「先專注在自己身上」**來開啓這個早晨，這麼做可以幫助你在接下來的一天裡，更能專注在其他事物

上。

　大部分的成功人士，無論自己有多忙碌，都不會以被動的活動來開啟自己的一天。他們不會一早先回電子郵件，不會立刻察看手機回覆訊息，而是會以主動的姿態開啟這一天，而你也可以做到，只要改變你早上做的第一件事。將打開你的「6分鐘日記」當作早晨的例行事項，保住前往生產力領域的頭等艙機票，畢竟種瓜得瓜，種豆得豆，只是在這種情況中，你甚至可以在同一天之內就看到你的收穫。

你人生中的2萬5000次機會

日本女性有全球最高的平均預期壽命——87歲，讓我們樂觀的假設你也可以活到至少87歲，這樣的話，你的成年人生（18～87歲）有超過2萬5000天。

所以，在你的成年人生中，你起床的次數超過2萬5000次，有多少個這樣的早晨已經被你無意識的放掉了？想想一個有意義的早晨，可以產生多重大的影響，發揮你的想像力，花點時間描繪可能的效果。

擁有「6分鐘日記」就等於已經擁有早晨例行事項的基礎支柱，打開它，你每天早上都會有正確的開始。套句神學家奧古斯丁所說的：「早晨的一開始，你應該掌舵，因為這是設定一整天航向的時機。」

❶我很感恩……

感恩不只是最偉大的美德，更是所有品格的起源。

——西塞羅（羅馬哲學家）

　　感恩的極大重要性，是世界上少數幾件讓所有無神論者、所有宗教信仰者，和科學家全都同意的事情。長期來看，懂得感恩的人能夠完全享受正面情緒，經歷負面情緒的程度也比較低，像是憤怒、罪惡、悲傷、嫉妒等。感恩的人有較高的自我價值感，也有較強的能力去應付日常生活的緊張壓力，感恩能讓你睡得比較好、活得比較久。如果你懂得感恩，你會更容易與人合作，因而強化與他人的關係，心存感恩的人比較容易建立與維持健全的人際關係。

　　有趣的是，你並不需要透過言語把感恩表達出來，才能得到這些益處。下面會提到賽利格曼博士做的一項研究，諸如此類的研究顯示：光是寫下感恩的事物，也能對你的幸福有實質影響。而且，不管你是非常感恩還是一點點感恩，都沒有關係，要對你的幸福產生效果，最重要的是經常性的心存感恩。這需要一點練習和努力，才能變成習慣，然而一旦你建立起這種習慣，感恩成了你的態度，積極正向的循環就開始了，它會逐步但不可阻擋的，開始將好處擴散到你的生活中。

　　請使用這本書來練習快樂最重要的技巧：每天感恩。

> 欣賞是一件美好的事情，
> 它使得別人身上的卓越也成為我們的卓越。
>
> ——伏爾泰

馬汀·賽利格曼創立了所謂的正向心理學，他對於人類幸福最
大化和生活滿意度的研究，數十年來受到專業人員認可。在他最
著名的一篇研究中，有將近600名受試者，分別請他們進行五種
活動中的一種，這些都是設計來將幸福感提升到最高的活動。而
當中只有兩種活動有效：

❶ **寫下一天當中發生的美好事情。**這跟你即將每天在「6分鐘

日記」的晚間例行最後一部分中做的一樣。

❷ **以寫感恩信件的形式來表達感恩**。這跟你在早晨例行中做的相差不多。

值得注意的是，感恩練習的效果非常驚人，而且自那之後，一直被其他研究採用。一個星期後，受試者明顯比以前快樂多了，但以下才是令人驚訝的地方：後續的檢測，無論是一星期、一個月、三個月和六個月後，全都顯示這些受試者每一次都仍然比他們第一次測驗之前開心。一星期的每天練習，就足夠所有受試者明顯的更加快樂，效果甚至能持續到六個月之後。

如果才做一個星期，長期效果就已如此顯著，你一定可以想像若持續做一段更長的時間，每天感恩能帶給你的影響有多大。如果感恩可以做成藥丸，它大概會是有史以來最暢銷的藥，然而在那種藥丸發明之前，你手中的這本書就是個很好的開始。

> 不是快樂的人才會感恩，而是感恩的人才會快樂。
> —— 培根（英國哲學家）

「感恩」令我們關注生活中的美好

> 每一種崇高的喜悅中，都混合著感激之情。
> —— 瑪麗・馮・埃布娜—埃申巴赫（奧地利作家）

讓感恩成爲你生活中不可或缺的一部分，會自動啓動對生活的樂觀態度，簡單的說，感恩和健康的樂觀是攜手並進的，你越樂觀，就有越多可以感激的事物。或者就像柏拉圖在2500年前說過的：「感恩的心靈是偉大的心靈，最終可以吸引到偉大的事物。」**你有多常想到人生每天提供給你的禮物呢？你有多常想到所有你偶然遇見的美麗小東西呢？還有，你有多常讓無關緊要的小事困擾你？**

在這個步調很快的現代社會中，總是不斷有壓力產生，導致我們經常找不到時間去感恩和珍惜。郵局的排隊人龍、臉書上的新動態、家人間的爭執、無盡的待辦清單，還有很多關於可能的恐怖攻擊、戰爭或天災新聞，這些都將我們的注意力帶到負面而不是正面的地方。**如果你不積極主動的把注意力放在正面事物上，負面事物就會繼續淹沒你的觀念**，而人類生存機制中強化負面事物的自然傾向，更是讓這狀況雪上加霜。

如果你有意識的練習感恩，你就能將觀念導向那些讓你快樂的、你很享受的事物。這並不是說你應該降低期待，無時無刻都感到很滿足。它眞正的意思是，**感恩最終會促進你的成功**，而不是反過來；**來自感恩的幸福會促進成就**，而不是反過來。

禍兮福所倚，福兮禍所伏。

—— 老子

同樣的，無法符合你的期待，並非就是不幸福，事實恰巧相反，當你跌倒失敗，沒有符合自己的期待，卻依然有珍惜這個經驗的能力，正是個人成功的根本要素。**有能力將所有失敗視為是暫時的，而且是打開新機會的門戶，就是感恩與幸福不可或缺的一部分。**如果沒有失敗，就不會有進步，而進步能夠驅動幸福，這就是為什麼擁抱人生中不可避免的失敗是如此重要。

卡內基是有史以來最成功的作家之一，他早在1948年就描述過積極和消極思考的差異：「積極思考處理原因與結果，並且能產生邏輯性、建設性的計畫，而壞的思考經常引起緊張和精神崩潰。」當你對自己的人生採取積極的態度，就是為一輩子的個人發展創造了理想的基礎。研究顯示，帶有健康比例樂觀程度的人，他們的壽命多了20%、身體比較健康、工作比較成功，並擁有較滿意的人際關係。知道怎麼運用感恩觀念的人，能自動將注意力導向積極正面的事物，因此是領先今天西方世界中99%的關鍵一步。感恩一點也不過時，真要說的話，它可是走在時代尖端！

通往幸福的快速道路

安東尼‧羅賓是世界上最成功的表演與個人特質教練，他的客戶包括柯林頓、網球選手小威廉絲和阿格西，他至今依然售出數百萬本書，舉辦場場爆滿的研討會。多年來，他每天早上都花3.5分鐘寫下並真心感恩生活中的3件事情。

關於這點，他說：「感恩的原因是：最具破壞性的兩種情緒是恐懼和憤怒，而你無法同時感恩與恐懼，這兩者無法並行，你也無法同時憤怒與感恩。」對羅賓來說，**感恩非常獨特，因為它的力量能壓過負面情緒**，因此他才將這項早晨例行事項稱為「通往幸福的快速道路」。

魔法螺旋效應

快樂就像香水，你無法灑在他人身上，而自己不沾染到一點。

—— 愛默生（美國文學家）

　　心理學家柏納德・衛納將感恩定義為兩個階段的認知過程。首先，你體驗到正向積極的時刻，接著，你理解這個事件是導因於某個外在來源（神、大自然、另一個人）。根據衛納的說法，因此感恩才會總是被導向某種外在來源。

　　通常你在「6分鐘日記」裡表達的感恩會導向其他人，而這就是感恩的魔法螺旋起始之處：當你以這種方式內化感恩之情時，你對待其他人的行為也會開始反映出這一點，就算你並非刻意決定這麼做，還是會自然的成為與被認為是一個更和善、更真誠的人。因此，你的朋友和同事自然會對你更好，這樣一來，你也會更加快樂，你散發出的正向振動將回到你身上。而藉著每天回想你的小小善舉（晚間例行），你也會形成一個類似的向上螺旋。

寫進你的「6分鐘日記」就等於創造一個美好的正向循環,可以
強化你的人際關係。

使人緊密相連的膠水

菲利普・瓦金斯寫了一本名為《*Gratitude and the Good Life*》
的書,他閱讀大量的研究與分析後,得到的結論是:**感恩是快樂
人生的一項最重要成分**。針對社會環境和感恩對個人人際關係的
重要性,他寫了以下結論:

❶ 感恩會讓你更討人喜歡,相處起來更愉悅。
❷ 感恩能以非常獨特的方式,幫助你連結與維繫人際關係。
❸ 感恩能培養你和你環境中的利社會行為。

何謂「利社會行為」?廣義來說,它涵括了所有目的是「為他
人謀福利」的行為,無論是刻意或非刻意的。利社會行為的形式
包括幫助、合作、分享、支持、讚美,還有對他人有禮貌、富同
理心和同情心。因此,當你在晚間例行詢問自己為他人做了哪些
事情時,你就是在省思自己的利社會行為。

> 一個人真正的富有,是富有的真實人際關係。
> —— 馬克斯

人類天生就是社會動物，因此社會關係和人際關係對我們的生活滿意度至關重要，這也不令人意外。而如同生活中的大多數事物一樣，這也是質重於量，注重人際關係的品質，能帶來更有意義、更令人滿意的人際關係。

賽利格曼與迪納博士進行了許多研究，想找出那10％特別快樂的人，到底與其他90％的人有什麼區別，而當中最顯著的特色，就是他們與家人、朋友，以及平時長時間相處的人，都有較親密的關係。這些研究再次顯示，那些人際關係的品質和深度正是關鍵因素，真摯的珍惜是打造親密人際關係的一項最佳工具，可能也是維持人際關係最有效的強化劑。

❷我要讓這一天變得很棒的方法

有個人在建築工地遇到三個工人。

他問第一個工人：「你在這裡做什麼？」

工人答：「我在砌磚。」

接著他問第二個工人：「你在這裡做什麼？」

工人答：「我在蓋一道牆。」

最後，他走向第三個工人，問了同樣的問題。

這個工人抬起頭，臉上帶著微笑，回答說：「我在蓋一座教堂。」

想獲得喜悅就必須分享。

幸福生來就是一對雙胞胎。

——拜倫（英國詩人）

這個小故事告訴我們什麼？如果你想成為一個有行動力的人，要時刻記住三件事：第一，要對你的目標抱持正確的態度，你必須想像出「教堂」的樣子。第二，你必須決定你想蓋哪一道牆，意思是你必須清楚你較小的目標和優先順序。第三，你必須堆積蓋一道牆所需的磚塊，而這正是你在這個部分要做的事情。你專注於你的牆，並寫下你需要堆哪些磚塊── 必須採取哪些小行動才能達成目標。最後，就是這些小決定造就你的人生。

開始堆磚頭吧！

好，聽起來都很合理，但到底要怎麼把這點應用到「6分鐘日記」裡呢？為了幫助你把這些牆與磚塊的概念化成實際行動，你可以運用類似以下結構：

我將會做（小行動／堆磚頭）因為我想要感覺 ＿＿＿＿＿＿。

❶ 我會挪出10分鐘繼續寫我的新書，因為我很期待接下來會發生的事。

❷ 今天我會吃3份水果，因為我想要感覺健康。

❸ 我會去健身房，因為我想要感覺有吸引力又懂得平衡。

❹ 今晚我會去那個派對，因為我想要感覺有社交生活並且擁有樂趣。

❺ 開會時我會挺直身體，因為我想要感覺有自信。

這個「因為」的部分，強迫你注意你所設定目標背後的動機驅策因素，你會多花幾秒鐘，去檢查你的目標是否真的與你的個性產生共鳴，是否真實反映你所想要的事物。寫下你需要堆哪些磚塊，才能夠建造起你的牆，**你的行動並不用很大，最重要的就是讓它們維持在夠小的狀態，這樣你才能實際執行**。如果你一直持續執行你的小行動，經過一段時間後，你就會發現你的「教堂」完成得比想像的還快。

如何改變命運並創造自己的幸運？

機會只眷顧準備好的心靈。

—— 路易‧巴斯德（法國科學家）

有些東西是你沒辦法控制或計畫的，像是好天氣、中樂透、高速WiFi、或順暢的交通號誌等。就算陽光能讓你的一天充滿美好，你也無法召喚它。這就是為什麼在日記的這個部分中，我們不問「什麼能讓今天變美好」，而是問**「你要如何讓今天變美好」**，要把焦點放在**你的影響範圍內可採取的具體行動**。還有，另外一些事物也很難控制或計畫，比如緊密的友誼與靈魂伴侶的約會，但是這些依然比天氣或中樂透容易很多。你隨時都可以將注意力放在做一些小事情上，去增加意外美好結果的可能性。如此一來，你就建立了一個美好事件的循環，一個良性循環。

你可以這樣做：

❶ 將注意力放在經常微笑 → 你周遭更多人會回以微笑 → 更多人變得親切友善 → 更多友誼會「意外的」形成。舉例來說，從你早上去買咖啡時，對店員微笑開始。一開始可能會感覺有點奇怪，但是你越常練習，你的微笑就會變得越真摯，微笑也會顯露得更自然。

❷ 將注意力放在你的姿勢上 → 你將會越來越受到異性的注目，因為良好的姿勢很性感 → 出現更多「巧合般的」約會機會。

一開始　　　　　　過了一陣子　　　　　過了更長一段時間

　　如你所見，你真的可以改變命運。當然像這樣的過程不會是線性的，但長此以往，重點在於你越常做一些朝著目標前進的小行動，那些「意外的」好事發生在你身上的機率就會增加。這種連鎖反應的原理，就是根據複利的效果，這個我們稍早解釋過了（P.56）。成功會加速成功，只要達成了一個小成功，就會自動的以指數成長。

簡單的食譜：只要你開始料理，不管怎樣食物都會好吃

大腦每秒鐘處理超過4億位元資訊，但其中只有2000位元會經過你的意識，99.9995％的資訊都沒有被注意到。大腦的「網狀活化系統」（RAS）只會提取那些對你很重要的東西。透過詢問自己要如何將眼前這一天變美好，你就已經是邁出了正確的第一步。

假設你寫下：「我要吃健康的食物，搭配大量蔬菜水果」，這個意圖的期待與畫面就已經到你的網狀活化系統——你現實的過濾器——中處理。你的感官會自動聚焦於所有能將你和該意圖連結的機會上，意思就是，你的搜尋雷達會對搜尋範圍內所有目標特別敏感。這種狀況下，你已經將雷達設定為對準健康的餐點、蔬菜與水果。所以，你只要利用網狀活化系統的能力，將更多美好帶進生活中就好。

覺得這是騙人的嗎？直接去試試看吧。

你最近買下且經常使用的一項東西是什麼？或許是一雙鞋？自從你買下之後，你是否就開始注意到很多人都穿一樣或類似的鞋子？你買了某類型的車，或者你認識的人買了車，然後你開始一天到晚看見同樣的車款？你懷孕了，就開始發現周圍到處都是孕婦？你開始運動，突然發現身邊所有的人也都好像有在運動？或者我們再舉一個更明顯的例子：你在一個雞尾酒派對中，由於嘈雜的聲音，你就只能聽見一般的吵雜聲；但是，當某處突然有人

講到你的名字時，你的耳朵就像小飛象一樣豎了起來。

這種選擇性的知覺就是由網狀活化系統控制，而美妙的地方在於，早晨例行會刺激你的網狀活化系統更頻繁的處理讓你快樂的事情，這最終能夠幫助你達成每日目標，因為快樂的大腦運作起來與中立或負面狀態的大腦相比，其生產力和創意會高出約30％。當你在早晨使用「6分鐘日記」時，你已經將這一天的過濾器（一個會讓你這一天更美好的過濾器）設定好了。

開始讓每一天都是美好的日子吧！

❸正向自我肯定

這個部分的早晨例行，不像其他部分那樣清楚明確。

人有95％的決定源自於潛意識腦，因此潛意識層面的信念和想法，對你的現實有極重大的影響（請見P.89）。藉由正向自我肯定的幫忙，你可以將無意識的大腦機制放到駕駛座上，讓它們清除潛意識的障礙，幫助你突破極限，創造你想要的實相。一些大腦視覺化的研究，在檢驗大腦中與自我肯定相關的神經機制，而結果顯示這項技巧確實有效，如果使用正確，它將是一項經科學證實的方法，可為大腦做好準備，並從內創造出逐漸的改變。它們可以提升感覺良好的賀爾蒙值，促使大腦活化積極與樂觀思考的神經通道。

你的**潛意識腦是不眠不休的工作狂，日夜都一樣活躍**。只要持

續使用「6分鐘日記」，你可以把這個潛意識工作狂派上用場，完整利用它的超凡能力。有兩種正向自我肯定的方法，可供你選擇來每天練習：鑽孔機法和蜂鳥法，選擇你比較喜歡的方法，持續使用一段時間。

> 我們的人生是由自己的思想所創造。
> —— 馬可‧奧里略

鑽孔機法

選擇一種你真心想要納入生活中的正向狀態，每天都寫下來，你越常這麼做，越能把**「相信」**內化到其中。你實際上是把正向狀態清楚肯定的「搥進」潛意識裡，直到你有意識的體驗到這種信念，而它已成為你生活的一部分。

例如：「我愛自己，所以我從事一份能真正滿足我的工作」或「我信任我的內在羅盤，相信它會指引我正確的方向」，你也可以更詳細一點：「我一個月賺9萬元」「我每天變瘦，一直降到我的理想體重60公斤」或「我尊重與珍惜我的伴侶，有一段甜蜜且充滿熱情的關係」。

> 不管你覺得你做得到還是做不到，你都是對的。
> —— 亨利‧福特

金‧凱瑞的鑽孔機法

金‧凱瑞甚至給自己寫了一張1000萬美元的支票，項目是「演藝服務」，並把支票日期寫在10年後，然後放在皮夾裡。他也每天寫下：「每人都想要與我合作，我是一個真的很棒的演員，我有各種很棒的電影酬勞。」那時候的他沒有工作，也未曾從演戲中賺到一毛錢，他就一直看著他的支票，並繼續放在皮夾裡，直到好幾年後，才真正從演藝工作中賺到很多錢。

他絕對不是一個特例，這個方法在其他許多人身上都證實非常有效，這些成功人士包括：拳王阿里、李小龍、拿破崙‧希爾、阿諾‧史瓦辛格、歐普拉、提摩西‧費里斯、露易絲‧賀、安東尼‧羅賓、女神卡卡、老虎伍茲和威爾‧史密斯。

蜂鳥法

在這方法中，你的正向自我肯定要**根據你當時的感覺或當天的計畫**，意思是你**每天都重新決定這個自我肯定句**。例如，如果你必須要發表演講，可以寫下：「我有能力、口才也好，我將會透過發表一次很棒的演講，向觀眾們展現這一點。」如果你當時正在做一個新專案，你可以寫：「我認為工作中遇到的每個問題都是偽裝過的機會。」

你的潛意識不會用言語表達，而是用情緒，因此，判斷這個正

向自我肯定的品質，指標就是你寫下它時有什麼感覺。拿正確的問題詢問自己，確定自己真的感覺到寫下的東西了：

❶ 你感覺更糟了嗎？你的潛意識可能不相信你的正向自我肯定，你決定要做的事情，可能比你實際上能達成的還多。

❷ 你相信自己寫的東西嗎？你感覺更好且躍躍欲試了嗎？如果有，表示你在正確的軌道上，你已經把自己放在有成長潛力的領域中。

❸ 你沒什麼特別感覺嗎？那表示你可能想得不夠宏大。

這裡有個蜂鳥法的例子：蘇菲雅一直很喜愛設計與創作東西，她已經35歲，在一間新創公司上班2年了，公司販賣用環保材質製作的創新設計鞋子。她與其他10位同事同屬設計部，而年底時，其中一位將被指派為設計部的主管。她真的很想要擔任新職務，而這些可能就是她每天的正向自我肯定：

❶「我今年要接下執行長的位置，因為我愛這份工作，而且我對自己的能力非常有信心。」

❷「我決定今年要成為設計部的主管，因為我完全符合這份工作的資格，而且設計酷炫的鞋子令我滿足。」

❸「我很滿足於賣漂亮又環保的鞋子給民眾，我會看看事情將怎麼發展。」

❶ 超越現實太多的正向自我肯定，是很難內化的。

你的現實

❷ 在現實邊緣的正向自我肯定，提供了成長的肥沃土壤。（圈圈內）你的現實

❸ 根本不需正向自我肯定，這已經是你現狀的一部分了。

　　你的正向自我肯定確實是積極正面的，這一點很重要。假設你寫：「我再也不吃巧克力。」大腦會怎麼處理這個句子呢？它會開始想巧克力，因爲它不會以否定方式思考。或用這個經典的例子：「不管你做什麼，就是別去想粉紅色的大象！」怎麼樣？你剛想到的大象是什麼樣子？大概很粉紅吧？**負面陳述或否定句在這裡都不能使用，因爲你的潛意識無法處理它們。**

　　還有一件同樣重要的事，就是在正向自我肯定時，要盡可能**詳細與針對自己**。籠統的陳述句像是「我愛自己」或「我有自信」，效果都不及根據你個人生活描述出的句子，比如「我情緒很穩定，就算遇到壓力很大的狀況，也能保持冷靜。」建議你做每天的正向自我肯定時，用**主動語態**開始造句，像是「**我是**」「**我能控制**」「**我有**」，因爲如果你這樣造句，潛意識就能夠直接處理你的目標了。

CH6
晚間例行

如何自省並為隔天充飽電力？

　　真的沒什麼比得上一夜好眠。你知道早上起床時，徹底恢復精神和活力的感覺嗎？如果你持續做晚間例行，那種感覺會變成一種規則，而非期待。到60歲的時候，你的人生有約莫20年是花在睡覺上，不用多說，你應該給予睡眠應得的關注，所以當你上床睡覺時，所有負面的內在對話和不舒服的思緒都應該清掉。

　　晚間例行會確保你的思緒圍繞在如何改善，以及什麼進展得很順利，所以最好是在當天的最後一刻寫。藉由盤點你的小成功，就能確保你在放鬆的狀態下入眠，得到一夜充足的休息。「6分鐘日記」就像鑰匙，能在早晨打開你的一天，晚上再將它上鎖。

　　你睡前通常會做什麼？根據一份來自30個不同國家，約4萬9000個手機擁有者的消費者行為研究，其中62％在就寢前最後5分鐘，都在看他們的手機。你很可能也是使用這類型電子裝置的其中一員，不論是筆記型電腦、平板電腦、智慧型手機還是電視。許多研究皆顯示這種行為相當不健康，因為長期來看，睡眠的質和量都會大幅降低。電子裝置散發的光會給大腦錯誤訊息，使人變清醒，就算你的手機調到低亮度，那些光也足以阻止大腦分泌褪黑激素（一種告訴身體現在是晚上的賀爾蒙）。「6分鐘日記」不是裝在電子裝置裡，所以這是第一步，讓你邁向優質睡眠與更健康的自己。

❶我今天做的好事

唯有付出的人令他歡喜。

—— 歌德

為他人做些好事，對你的幸福快樂有長遠影響

班傑明‧富蘭克林在他寫於1793年的自傳裡提過，他每天都問自己兩個問題。

早上時，他問：「我今天應該做什麼好事？」

當天尾聲則問：「我今天做了什麼好事？」

這個部分也有類似的目的，因為這是關於更有意識的運用自己的能力，去幫助他人、為他人做好事，同時也為自己每天的行為負責。喜歡幫助他人，並表現出利社會行為傾向的人，認為自己比那些不這麼做的人快樂。

那麼，為其他人做些好事到底能讓我們多快樂呢？美國科學家曾為此進行一項實驗，這個實驗的受試者每人拿到100美元，可以自由決定要捐給他們屬意的慈善團體，還是花在自己身上。科

學家使用大腦掃描儀器去監測實驗中的大腦活動，結果發現，**比起把錢用在自己身上的人，選擇捐贈的人大腦中掌管快樂的區域更為活躍，該大腦區域也負責分泌多巴胺，就像是你在進行人類繁殖過程或放了一片巧克力到口中的感覺。**

其他一些研究也顯示，由給予而誘發的愉悅感覺，與性行為和吃東西的愉悅經驗非常不一樣，由於給予而對你的幸福產生的正面影響，可以持續一整天，甚至更久，但性行為和吃東西的愉悅感很快就消失了。

> 品格不會在偉大的事件中顯現出來，
> 往往是小事揭露一個人的真實性格。
> ——盧梭（法國思想家）

你當然不會每天捐錢，這就是為什麼你需要注意每一天的小善舉。在工作中幫同事的忙、送朋友一個小禮物、洗碗時順便幫室友洗了碗，或是教媽媽怎麼使用App；問祖父母最近過得怎麼樣、跟某個看起來很寂寞的人說話、告訴你的伴侶你愛他、向親友和同事表達感激、讚美廚師為你烹調的食物很美味、為某人撐住門、充滿同理的傾聽、臉上掛著微笑並向鄰居說「早安」，或者只是對超市的收銀員露出真摯的微笑。

❷我要如何改善？

> 偉大的事情，是由一連串的小事組合而成的。
>
> ——梵谷

　　既然你手中握著這本書，應該可以假定你想要學習、成長與進步。持續改善就像是在清掃房子，只要你一停止清掃，灰塵又會堆積起來，所以清掃的需求永遠不會休止。這是欣賞這種持續的旅程，而不只是關注終點，如果唯一能讓你快樂的事情是達到遠大目標，那麼你將鮮少感覺到快樂。有一個可以前往的目的地很好，但到了最後，重要的是這段旅程。

　　換句話說，定義我們的不是最終結果，而是這個過程。這裡的重點是要提醒你，只有你才能掌握明天，並理解到雖然你永遠不可能完美，但你可以持續努力改進自己。如果你發現這一天過得很棒，所有事情都很順利，你大可以在這欄只畫個開心的笑臉。

　　這個問題的目的是辨識出長期存在的問題和改善的機會，這樣你就可以得出解決它們的具體行動。注意貪多嚼不爛，小一點的目標長久下去，才能造成重大結果。因此，把你寫在這裡的目標

行動保持在**小而可行**的範圍，如果有必要，甚至要**小到可笑**的程度。

這個部分的用詞要特別謹慎選擇，它應該要讓你去思考可以讓事情更好的作法，引出積極、願意行動的反應，而不是專注於負面事物。你向自己保證下一次就能夠做得更好，而不是因為出錯的事情一蹶不振或充滿罪惡。讓自己專注於改變上，因為如果現在不改變任何事物，未來也不可能有所改變。

勿拿自己跟其他人比，拿自己跟昨天的自己比

在某些狀況下，拿自己跟其他人比較，會是非常有用的刺激來源；然而，在大多數狀況下，這種刺激來源的缺點比優點多太多了。

20年前，許多人的座右銘可能還是「跟上瓊斯家的人」（編按：Keeping up with the Joneses，意指趕上周圍的人，不斷的和他人比較，別人擁有的，自己也想要），而「瓊斯家」大概只代表你的鄰居或同事。而今天，由於網路，尤其是社群媒體的發達，我們被邀請把自己和越來越多人比較，光這個星期，你有兩個「朋友」結婚了，每個人好像都在世界上最美的地方度假；然後又有一個朋友設計出一款創新的App，反正，每個人都超級快樂！

雖然大家都清楚，每個人都會剪輯、修改自己的生活表象，才公開給所有人看，但我們還是不斷落入同樣的陷阱：我們把自己

生活中的私密現實，和其他人生活中的公開焦點比較，我們一直拿自己的內在與他人的外在比較。

> **每個人都看到表面上的你，很少人參與到真正的你。**
> —— 馬基維利（義大利政治家、哲學家）

由於不斷的比較，我們已經很難分辨，哪些行為主要是出自於自己的動機，而哪些行為是受到他人影響而引起。我想要在職場中往上爬，是因為那真的能滿足我，還是因為我認為自己必須達到某些成就，才配得上某些東西？我想要去健身房，是因為我真的享受運動，還是只因為所有朋友都有去？**不斷的比較會消磨你的自尊**，到了最後，你變得越來越鬱鬱寡歡，並且經歷許多其他不良影響，而你很可能已經經歷過類似的情形了。

社群媒體已經用這種方式擴大了比較的標準，所以比起以往，現在我們更應該注意拿自己與他人比較的壞處，並且盡量有意識的減少這種行徑。這當然很困難，尤其是當每個人的生活都在你眼前流過時，因此，選擇你何時要進入這個溪流，是個很好的起始點。**花一個星期嘗試看看，把你花在社群媒體和數位裝置的時間降到最低，觀察你有什麼感覺，然後自己下結論。**

當你使用「6分鐘日記」時，你就是精準的朝著那個方向邁出一大步了。這本日記不只是獻給數個月或數年後的美好回憶，也是個有意義的提醒，提醒你昨天或上星期是這個狀態，因此是非

常有意義的起點，讓你跟自己做短期的比較。

每天晚上問自己打算怎麼改進，幫助你監視與了解自己的進展，而重讀你的日記可以讓你輕易的找出傾向與模式。**你越常寫下同樣的改進機會，就越應該留心這些方面**，比如說你一直寫下：「我今天會去健身。」卻從沒有實行這個計畫，那你就得改變策略了。你可以用不同的方式陳述你的計畫：「我會有意識的規劃這一天，這樣我就能挪出1小時去運動。」

每天的感恩也是同樣的道理，如果你發現自己好幾個星期沒跟伴侶表達感激了，這就是個珍貴的暗示，否則你可能好幾個月或好幾年後才會發現。

❸我今天經歷的美好事物／幸福時刻

關於一個人的積極態度和生命長度間的關連，最明顯的實例就是所謂的「修女研究」。

180位修女參與了這個長期實驗，為期超過70年。為了被修道院接納，修女們必須寫2～3頁的簡短自傳，陳述她們的生活及未來方向。她們在1930～1940年左右寫下這些檔案時，平均年齡才22歲，而針對這180份自傳的檢視，是看有多少負面、中立和正面的字眼與句子。接著修女們根據這些字眼出現的頻率，被分成4組，每組45人。實驗結果非常驚人：

❶ 最快樂的45個修女，壽命比最不快樂的45個修女平均多出10年。

❷ 到了85歲時，最快樂的修女中，超過90％（！）仍在世。

❸ 最快樂的修女中，有54％活到94歲以上，而最不快樂的那一組中，只有15％活到這個年紀。

是什麼讓這個現象如此顯著？這個科學實驗的條件是極其珍貴的，因為修女們從以前到現在都生活在同樣的環境中，她們不喝酒、不抽菸、沒有性行為、沒有結婚、沒有小孩、住在同一棟建築物中、做類似的工作，也吃同樣的東西。別的先不談，這個研究證明了，**快樂和發生在生活中的事情沒什麼關係，跟我們選擇怎麼看待這些事情比較有關。**此外，研究還點出了這件事的重要性，就是珍惜你生命中已經擁有的東西、珍惜日常生活現在提供給你的東西，如同我們在日記一開始強調的：花點時間慶祝生活中的小小幸福時刻，允許自己去欣賞與珍惜一天當中的小成功，**如果你將幸福快樂視為優先，長壽可能是受人歡迎的副作用。**

每天帶著準備要快樂的決心起床，
就是在設定我們面對每天所有事情的條件。
這樣做是在適應環境，而不是受環境制約。

—— 愛默生

聊聊今天最棒的事

我們不能改變風向，但我們可以調整風帆。

—— 亞里斯多德

你見到朋友、伴侶或室友的時候，通常最先跟他們說的話是什麼？你下班回到家時，可能會有股衝動，想把所有壓抑的負面情緒發洩掉，你可能會說自己這一天有多疲憊、壓力多大、什麼東西讓你煩躁，或什麼出錯了，只是想要從對方那裡得到類似的反應：「噢，我老闆從不誇獎我或對我說謝謝，他也不了解我就只有兩隻手耶；然後我媽打電話來，就只是在那碎碎念……」

要反轉這個令人疲憊的模式，最簡單的方法就是聊聊今天最棒的事情。即使一開始感覺可能有點奇怪，但就從講這一天最棒的時刻開始這段對話，不管這些事看起來多微不足道，沒有例外，**就講你學到了什麼、你因什麼感到自豪、吃到了多美味的點心、一個好笑的時刻，甚至是你趕上一班公車，只因為它晚了3分鐘到站。**這可以將你和說話對象兩人都放入正面的情緒中，你也會開始注意到每天生活中的發生的美好事情，無論大小。

試想，如果你的朋友和伴侶都這樣做，那會有多棒。可以把一整天的問題和負面事情發洩出去，有時可能會舒服一點，並幫助我們解決負面情緒，但是**你開啟一段對話的方式，通常決定了接下來整段對話的氣氛。**這個小小的指引，可以作為任何關係當

中的神奇連接器！如果你試著先講正面的事物，不管它們有多微小，那你怎麼可能會失去什麼呢？

打造好心情存貨

激勵自己與面對生活中的挑戰，有些時候並不容易。

有時候生活令你沮喪，你就是沒辦法感覺很良好，這些就是你需要一點小刺激的時候了，它能幫助你專注於重要與良好的事情上，尤其是小小的勝利最容易被遺忘，如果現在要你這樣想：你能想起上星期發生的3件最棒的事情嗎？很可能不行吧，除非你有在記錄。幸好，在晚間例行的最後一個部分裡，你會記下快樂的時刻。

每一天，都要記錄什麼事讓你開心，並寫下你個人的幸福故事，把這些日記內容當成是自製的幸運餅乾，感覺稍微好點時，重讀你寫在這部分的內容，你的心情就會自動好轉了。你也順便囤積了一堆好心情的點心，沒有保存期限，什麼時候想要品嘗都可以。

你所能汲取的、最滋養的泉水來源，就是你自己。

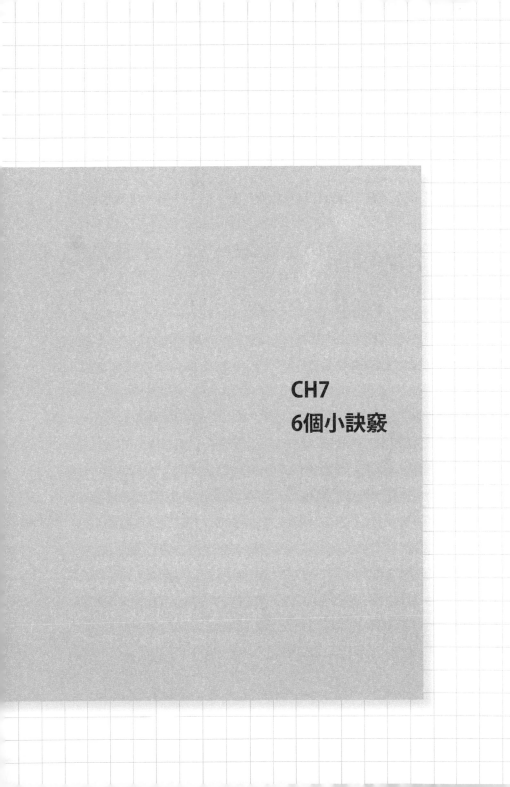

CH7
6個小訣竅

訣竅一：幫日記找個固定地方

如果你想要持續使用「6分鐘日記」，最重要的一項決定，就是**你想把日記和用來寫日記的筆放在哪裡？**這聽起來可能很不重要，但其實事關重大。

最理想的狀態是，找一個每天早上起床就能看見它，睡前也能看見它的地方。對某些人而言，放日記的最理想地方，是從床上一伸手就能碰到的地方，比方說床頭櫃；而對另一些人來說，放在牙刷、手提包或背包旁邊，是比較合理的地方。根據我自己的經驗，加上讀者的回饋，我們都建議你把日記和必定會做的事情結合在一起，像是每天早上的咖啡或茶。

找出最適合你的方法，但一定要試著找到那個完美的位置，你會很訝異這樣一個小動作能發揮多大的功效。

訣竅二：盡量詳細，感受你寫的內容

因為日記的結構並不是每天都不一樣，因此很可能會有重複的內容，原則上，這並不是壞事。在某些例子中，比如你在「正向自我肯定」那一章中讀到的鑽孔機法，它其實可以非常有用，然而在其他狀況下，重複得太過頻繁就沒有實際效用了。該怎麼做才能避免一再重複寫下同樣的東西呢？解決方法很簡單：**盡量寫詳細！**最重要的是，**享受它！**

因為**重點是在於你書寫時的感覺，而不是內容本身。**去想你感恩的事物，通常不會花太多時間，但是去感覺與這些事物相關的情緒，通常會需要多幾秒鐘的時間。神經心理學家瑞克‧韓森發現，**正面的經驗必須要在意識中停留10秒鐘以上，才能從短期記憶轉到長期記憶，而負面的經驗則是立即從短期記憶進入長期記憶。**這就是為什麼有意識的多花那幾秒鐘，可以幫助你把過了就忘的心理狀態，轉變為長久的神經結構。所以慢慢來，在你動筆寫字前，先醞釀一下情緒（喜悅、歡愉、驚訝……），這樣就能有極大的不同！

想一本很吸引你的小說，好的作者通常不會以籠統的方式描述事件，而是會詳述細節。他們不會只寫：「她看見他。」而是會加上許多描述：「當他們的視線相交時，她不禁身子一顫，雖然他們的唇並未接觸，卻彷彿以她的氣息在吻著他。」當然這個例子是有點誇張，但能夠確實說明這裡的重點：情緒蘊藏在細節中。當你描述一件事情時，越深入細節，就越能輕易感覺到那些情緒。

> 若你想要整體的快樂，就要在最小的事物中找到整體。
> ——歌德

也許你昨天寫了：「我很感激有小美在我身邊。」那麼今天你就可以寫：「我很感激小美一直認識新的人，然後介紹我給他

們。」或「我很感激小美總是在我們拜訪其他人時，給我那種特別的笑容。」同樣的技巧也適用於日記的其他部分，尤其是你今天經歷的美好事情。但萬一你這天就是慘到沒一件好事呢？沒錯，解決方法還是在細節裡，就算當事情看來糟透了，你還是可以專注於非常小的事情，黑暗日子裡的一線光明。

讓這一天從早上起床那一刻起，在你心靈的眼前流過去，然後用「事情總是可以變得更糟」的態度去觀看，這樣的話，你就會以這種方式想事情：「電台在播放我最愛的酷玩樂團的歌」或「會議取消讓我有更多時間準備我的報告」甚至像這樣的事：「酪梨今天特價」或「中午的雞肉真好吃」。簡單的說，就是**渺小卻強大的事物。這一天很順利還是很糟糕並不重要，對生活中的小細節給予更多關注，總是一件好事。**

填空格和寫東西在日記裡，理應是很有趣的事情，所以**讓你的情緒自由馳騁吧。**你越深入挖掘自己，所得到的結果就越強大與持久，而你越常練習，這個過程就會變得越簡單快速。

> **魔法就在細節裡。**
> —— 馮塔納（德國小說家）

訣竅三：領先這個遊戲，為將來準備好現在

早上和晚上各分配3分鐘，降低了勤奮寫作的門檻，然而，總

是會有個風險因素存在，就是你的日記最後很可能淪為書架上漂亮的純裝飾品。

現在就花個幾分鐘，把這個小風險一起降低吧。

有什麼原因可能阻止你每天早上和晚上寫日記？

❶＿＿＿＿＿＿＿＿＿＿＿＿＿＿＿＿＿＿＿＿＿＿＿＿＿＿＿

❷＿＿＿＿＿＿＿＿＿＿＿＿＿＿＿＿＿＿＿＿＿＿＿＿＿＿＿

❸＿＿＿＿＿＿＿＿＿＿＿＿＿＿＿＿＿＿＿＿＿＿＿＿＿＿＿

現在寫下可以讓你克服每一個障礙的具體方法：

❶＿＿＿＿＿＿＿＿＿＿＿＿＿＿＿＿＿＿＿＿＿＿＿＿＿＿＿

❷＿＿＿＿＿＿＿＿＿＿＿＿＿＿＿＿＿＿＿＿＿＿＿＿＿＿＿

❸＿＿＿＿＿＿＿＿＿＿＿＿＿＿＿＿＿＿＿＿＿＿＿＿＿＿＿

由於70%的感覺受器在眼睛裡，一半的大腦功能都涉及視覺處理，因此**視覺提醒**也可以是非常有效的工具。你可以使用每月習慣追蹤表，或是寫完早晨和晚間例行後，就在月曆上打勾。也有很多App可以幫助你持續每天寫日記，如果你使用iPhone，Habit List和Strides是兩款不錯的App，而安卓使用者可以試試Habit-Bull或Loop Habit Tracker。

訣竅四：結構並非無法更動

　　足球有一套固定的規定，官方稱之爲「比賽規則」，然而，在那套清楚的規定之內，每個球員都有自己獨特的玩法。在「6分鐘日記」的遊戲場上也是如此：建立你自己的規則，讓你的日記有些變化。例如，在感恩的部分，你可以規定自己每天寫下3件全新的事情，持續一整個星期，也就是說，在同一個星期內，一樣的事情不能寫兩次。這樣的練習有助於制約你的觀點（你的網狀活化系統，請見P.85），讓你不斷從新的狀況中尋找好的方面，進而看出它帶給你的機會與可能性。透過想出3件全新且值得感恩的事情，你這一整個星期都會有獨特的快樂理由。

　　早晨寫下3件值得感恩的事情，重點不是要你像寫購物清單似的匆忙寫下，如果你用這種方式去寫每天感恩的事情，很快就會導致你的感恩是在頭腦層面處理，而不是在心的層面。就像訣竅二的說明，**你必須去感覺你寫的東西，因爲詳細的內容是達到情緒連結的好工具**，因此有些日子你會需要更多書寫的空間，如果是這樣，只要把數字1～3刪掉就好，使用那些空間書寫更長的感恩內容。當然，日記的其他部分也都可以這麼做，**關鍵在於你對自己寫下的東西有情緒上的連結**。一段時間過後，你會發現自己的節奏，也會感覺很自然，而且你會直覺感應到這是正確的。

訣竅五：團體合作造就夢幻成就

尋找一起辦事的伙伴，班有傑瑞，蝙蝠俠有羅賓，畢特有恩尼（芝麻街角色），邦妮有克萊德（美國歷史上著名的鴛鴦大盜）。拉一個跟你有同樣或類似目標的人一起，「6分鐘日記」對他會很有幫助的人，就跟你一樣。兩個人看著同樣的目標，這樣的同盟會非常有助益，可以給你極大的鼓舞。比較你們的經驗，互相督促，幫助與激勵彼此。

但即使你是一個人開始的，你的朋友和家人還是能幫到你。只要把你每天的日記計畫告訴幾個人，這樣一來，你就是在督促自己，施加一點點溫和的壓力，這其實很有幫助，能確保你堅持做下去。畢竟，你會想要跟其他人說你達成自己宣布要做的事情了，你確實是個說到做到的人。除此之外，你可能也想要激勵其他人一同參與，追求他們的目標。

訣竅六：設定類別

畢竟，你也只是個人，非常可能會遇到沒辦法每天寫日記的時刻，如果都沒發生這種事，太棒了！但萬一發生了，你應該要丟棄全有全無這種概念，因為它能給你的通常只有毫無進展和壞的後果。不需要為此有不好的感覺，只要允許自己做少一點。

比如說，允許自己只寫最喜歡的部分，或者每個部分都寫少一

點。這麼做的美好之處在於，一旦你採取這些小行動，這種動能將可毫不費力的把你帶回到平時的「6分鐘日記」節奏。

> 讓事情簡單到你無法說不。
>
> —— 李奧‧巴保塔（美國「禪習慣」部落客）

就算你每天使用日記，而且有最堅定的意圖，要一直和日記內容產生情緒連結，但作家的瓶頸還是會在某個時刻向你襲來。發生這種事時，你可以花更多一點時間去感受你寫的東西，或者，因為你可能沒那麼多時間，不如就試試不那麼費時的方法：與其自發性的寫下你對什麼感恩，你可以引導自己的感恩到生活中的某些領域，只要設定專屬於你的類別就好，例如：

❶ **健康**：運動、消化、營養、呼吸、靈性、睡眠……
❷ **人際關係**：家庭、朋友、伴侶、父母、同事、顧客、狗、貓……
❸ **事件**：上個星期、月、季、年……發生的美好事件／（希望）下個星期、月……將會發生的美好事件。
❹ **自然界**：鳥鳴啁啾、美麗雲朵、花朵綻放、金與紅色的日落、剛修剪過的草坪氣味、陽光灑在肌膚上……
❺ **生活中的簡單事物**：看到陌生人歡笑、你的新播放清單、一個和善對象的輕輕觸碰、寶寶的笑聲、最喜歡的毛衣的

舒適觸感……

專注於你的家人一整天，或是放更多心思在朋友身上一個星期，你也可以把注意力放在生命中一段你非常珍惜的舊有關係上。讓你的創意帶你去任何你該去的地方，沒有什麼標準規則，**以你的需要和欲望去型塑這本日記**，或甚至可以把它變成你個人的「6分鐘健康日記」或「6分鐘人際關係日記」一個星期。如同先前說的，重點在於找到最適合你和當下需求的方式，條條大路通羅馬，同樣的，條條大路通往更幸福美滿的人生。

> 行動未必帶來幸福，但沒有幸福是不需行動的。
> ——威廉·詹姆士（美國哲學與心理學家）

國家圖書館出版品預行編目資料

6分鐘日記的魔法：最簡單的書寫，改變你的一生【1書+1日記本】/多明
尼克·斯賓斯特（Dominik Spenst）作；吳宜蓁譯. -- 初版. -- 臺北市：方智，
2018.11
　　112 面；14.8×20.8公分 -- （生涯智庫；164）
　　譯自：Das 6-minuten-tagebuch : ein buch, das dein leben verändert
　　ISBN 978-986-175-508-3（平裝）
　　1. 成功法 2.自我肯定
177.2　　　　　　　　　　　　　　　　　　　　　107015662

www.booklife.com.tw　　　　　　　　　　reader@mail.eurasian.com.tw

生涯智庫 164

6分鐘日記的魔法：最簡單的書寫，改變你的一生【1書+1日記本】
Das 6-Minuten-Tagebuch - Ein Buch, das dein Leben verändert

作　　者／多明尼克·斯賓斯特（Dominik Spenst）
譯　　者／吳宜蓁
發 行 人／簡志忠
出 版 者／方智出版社股份有限公司
地　　址／台北市南京東路四段50號6樓之1
電　　話／（02）2579-6600·2579-8800·2570-3939
傳　　真／（02）2579-0338·2577-3220·2570-3636
總 編 輯／陳秋月
副總編輯／賴良珠
責任編輯／鍾瑩貞
校　　對／鍾瑩貞·賴良珠
美術編輯／金益健
行銷企畫／詹怡慧·徐緯程
印務統籌／劉鳳剛·高榮祥
監　　印／高榮祥
排　　版／莊寶鈴
經 銷 商／叩應股份有限公司
郵撥帳號／18707239
法律顧問／圓神出版事業機構法律顧問　蕭雄淋律師
印　　刷／祥峯印刷廠
2018年11月　初版
2024年8月　42刷

定價 360 元　　　　　ISBN 978-986-175-508-3　　　　版權所有·翻印必究

◎本書如有缺頁、破損、裝訂錯誤，請寄回本公司調換　　Printed in Taiwan